JN097361

シリーズ◇教父と相生

光とカタチ

中世における美と知恵の相生

宮本 久雄 編著

教友社

目次

巻頭言にかえて――趣旨説明――

『教父と相生』シリーズ第三集とそれに連動するシンポジウム企画は「教父と芸術」という大枠のもとで編まれた。そこでこの序では、本書の背景を概観することで、全体の趣旨を明らかにしたい。

さて、教父の言説と宗教芸術の関連について扱う研究は、昨今様々に登場している。例えば *Pseudo-Dionysius and Christian Visual Culture, c.500-900*（Francesca Dell'Acqua ed., Palgrave Macmillan, 2019）は、擬ディオニュシオス文書のビザンティン芸術における受容を扱った論集であるが、そこでは同文書のシンボルについての理解から始まり、その後の建築や図像に対する影響の可能性についてなど様々な論文が収録されている。また奇しくも二〇一九年にオックスフォードで開催された国際教父学会では、Robin Jensen による“From Despicable Idols to Venerated Icons: The Emergence of Sacred Art in Early Christianity”という講演がオープニング・レクチャーとして行われた。

このような研究に鑑みつつ、教父研究と芸術研究の接点をどこに求めるかというときに、いくつかの観点が想定されうる。例えばイコノクラスムを巡る議論のように、教父たちが神の表象や教会の芸術をいかに扱ったのかという点である。また、実際の作品に対する教父からの影響について、特定の聖歌や写本、聖堂装飾等を分析することも大きなテーマとなるだろう。

そこで二〇一九年度においては、このようないくつかの観点を緩やかに横断するために、一つの概念的なテーマを設定し、それを巡る思想と表現の接点を探るという途をとった。そのテーマが「光とカタチ」である。創世記における神の創造の言葉、またヨハネによる福音書を始めとし、キリスト教はかなり早い段階から「光」に強い意味を見出した。また思想史の観点からすれば、光という概念は、根源的なものについての認識を語るものとして用いられてきた。二度にわたって開催されたシンポジウムは、このような「光」が、思想的・文化的にどのように受容解釈され、そして表現されたのかという「カタチ」を探ることを目的として開催された。本書は、このシンポジウム「中世における光とカタチ」での諸々の提題の一部をまとめたものである。以下、このシンポジウムの概要について記録する。

第一回目のシンポジウムは、二〇一九年一一月一七日に松山の聖カタリナ大学にて、聖カタリナ大学キリスト教研究所の後援により開催された。宮本久雄（東京純心大学）による東方教父における光と闇に関する講演の後、阿部善彦（立教大学）「キリストの光とかたち――エックハルトを中心に――」、坂田奈々絵（清泉女子大学）「シュジェールにおける光のカタチ：サン・ドニはなぜ『輝いた』のか」、そして、袴田渉（聖カタリナ大学）「ディオニュシオスの象徴神学」の三本の提題が行われた。その後、髙橋英海（東京大学）により、東方キリスト教の聖歌についてのプレゼンテーションとともに、キリスト教文化と光に関するコメントが加えられた。

第二回目のシンポジウムは、二〇一九年一一月三〇日に東京の清泉女子大学にて、清泉女子大学思想文化専攻の共催により開催された。思想史を中心とした「光におけるカタチ」と、美術史を中心とした「カタチにおける光」の二部からなり、第一部では樋笠勝士（岡山県立大学）「光の形而上学／光の美学」、鐸木道剛（東北学院大学）「光からカタチへ：受肉と可視化」、第二部では金沢百枝（東海大学）「光と受肉　アダムの創造と受胎告知」、高野禎子（清泉女子大学）「薔薇窓の光とカタチ」の四本の提題が行われた。その後、提題者同士で相互に議論がかわされ、会場との質疑応答も活発に行われた。
いずれのシンポジウムも盛況で、特に東京での集いにおいては、分野横断的な広がりをみることができた。そこでは「光」という概念が汲み尽くすことのない豊かな創造力と思索の根源であり、これからもなお一層の探究が求められるべきものであることが確認された。
そこで最後に、本年のシンポジウム開催にあたり、主催の宮本久雄によるステートメントを引用したい。

中世における光は、新プラトン主義の光の思想を承けてはいるが、根本的には旧約「創世記」の「光あれ」という神言から「わたしは世の光」（ヨハネ）というキリストの光に至るまでの vision を自らの光としている。カタチとは、この光の中から光の神学と共に光を凝縮結晶化して生まれたので、その典型はキリストの受肉であり、それにつらなる人間相互の受肉としての典礼、建築、美術などに展開してゆくといえる。今回のシンポジウムでそうした光の神学と美のカタチの相生的饗宴をめぐって、様々な多彩な discours と議論が横溢するであろう。皆々様に御期待と参与を乞う。

読者の皆様におかれても、ぜひこの光とカタチを巡るディスクールに参与いただけると幸いである。

（坂田奈々絵）

（付記）本論集は、宮本久雄教授（東京純心大学）を研究代表者とする平成二九年から令和元年度の日本学術振興会科学研究費補助金「古典教父研究の現代的意義：分裂から相生へ」（基盤研究（B）（一般）17H02276 の第三年度の研究成果の一部である。

光とカタチと闇（gnophos）

宮本　久雄

光とカタチと闇

光の中でもののカタチが見えてくる。このカタチを通してものが知られてくる。この現象はあまりに日常的すぎて誰も不思議に思わない。けれども光とカタチの関係を問うと、それがいろいろな相や意味をもっていることに気づく。他方で真暗闇になるとものは見えず、そこにもののカタチがあるのか、そもそもカタチなど無くなるのか判然としない。だから暗闇とカタチの関係も不思議に思えてくる。こうして見るや知るをめぐって「光とカタチとやみ」の関係が本論のテーマとなる。まず光とカタチの関係を考えてみよう。この思索を深めたのは何よりもギリシア哲学であった。

一、光とカタチとやみ――ギリシア哲学の系譜

光の中にもののカタチ（eidos）が見える。その際、カタチ・eidos は「eidō」（見る）に由来し、「見られるもの」

を意味する。ギリシアのように光あふれる地では、もののカタチはくっきりとしたカタチでものを現象させ示す。そのせいかカタチはものごとの本質、本性（to ti ēn einai, essentia）を示すといわれる。われわれはカタチを視界において一つの対象として肉眼の光の下に正面から知覚する。ものが知覚されるのである。これが基本的な人間の視覚的正面認識といえよう。

ところで上述の「eidō」は、現在完了形「oida」をとると、現在形として「知る」という現在的認識を示す。そうすると先述の「エイドス」は知られるものとして、ものの本質・形相を明晰に示すカタチを意味する。実際に「idō」が語源で、「eidon」（アオリスト二）、「idein」（不定法）など「見る」の動詞が例示される。「知る」の動詞としては「oida」、「eidenai」（不定形）などが例示される。

ところで、カタチが、知られるモノとして知性の光の中に現象する場合、そのカタチはどのようなカタチをとるのであろうか。

ギリシア哲学にあってそのカタチは、定義である。その基本的な定義はアリストテレス流に言えば、種は類と種差からなるという判断である。例えば、「人間は理性的動物である」という判断文では、周知のように人間が種、動物が類、理性的が種差を表すように。このように知性は、知的な視野である類、種、種差の概念体系の中に対象を位置づけ、定義というカタチを形成し、知性の正面で認識するわけである。その場合の知的認識は、主体的能動的である。

知性は次に観察や推論を通して判断をつみ重ねてゆき、そこに一つの理論が生ずる。近代自然科学にあっては、この理論が自然と合致するか、方程式が自然法則を表しているかを実験・検証してゆく。このプロセスを経てそこにさらに大きな科学理論が成立することになる。それら理論も大きなカタチといえるわけである。

以上のような知性認識は、人間知性がその概念によって把握できる自然界に関して成立するカタチ把握といえる。

ところがギリシア哲学、例えばソクラテス以前の哲学者パルメニデスなどは、超自然的な世界根拠に関しては、このような定義の方法は有効でないと考える。つまり、知性がいわばやみに包まれる地平を示す。そこで今はパルメニデス哲学に大略ふれて、彼のいう「光とかたちとやみ」の関係を瞥見してみたい。

若きパルメニデスはその「哲学詩」の序章で、人間知性が棲み狎れた昏い日常世界から女神が啓示する光の真実在の世界へと超出してゆく登行を歌い上げる。そしてその究極に女神が啓示する「存在」(to eon)が語られるが、その語りは決して定義ではありえず、後代が否定神学と呼ぶ否定の語りなのである。ここではその一部を引用してみよう。

「あるもの」は不在にして不滅であり、全体にして独り子であり、不揺にしてかつ完全である。また、かつてあったのでもなく、いつかあるだろうのでもない。そのわけは、今、一挙に、すべて一にして、連続して、あることゆえ。

どのように、またどこから、それは生まれ育ったというのか。「あらぬもの」からと、汝が言うのも思うのも、我は許さない。なぜなら「あらぬ」と言うことはできず、思うこともまたできないゆえに[1]。

以上のような語りの最後にパルメニデスは、真実在「あるもの」を「まるい球」(sphairos)に似ていると喩えて「哲学詩」を終えている。こうして彼は否定的言語用法と象徴とを併用して知性を超絶する真実在を表現しようとする以外になかったわけである。それもやみにおける知性の探求といえよう。

以上からギリシア的な「光とカタチとやみ」を考究した。ところがギリシア哲学の思索を継承しつつ、キリスト教、殊に聖書解釈を通して、「光とカタチとやみ」、その中でも「やみ」を深く解釈・考究した人々が出現した。彼らこそ、後世にギリシア教父と呼ばれ、知恵であるキリストに参究した愛智の人々であった。われわれはここでその一人、ニュッサのグレゴリオスをとり上げて、「やみ」の消息に跳入していきたい。

二、ニュッサのグレゴリオス

グレゴリオスが「やみ」に関して洞察を深めている著作は、旧約の「雅歌」を講解した『雅歌講話』と「出エジプト記」に比喩的解釈を施した『モーセの生涯』の二書である[2]。いずれの書も、モーセとイスラエルの民が「出エジプト」を敢行し、そこから辿る砂漠での旅とモーセ単独のシナイ山登攀の物語りをとりあげている。そして、その物語りに霊的修徳的な意味と浄化の道行きとを洞察し提示している。

今は『雅歌講話』に拠ってその霊的道行きを考究してみよう。周知のように旧約の「雅歌」は男女間の相聞歌あるいは祝婚歌なのであるが、グレゴリオスはその若者をキリストとして、乙女を霊魂および教会協働体として比喩的に解釈する。そしてモーセの道行きを霊魂の精神的向上として解釈する。次にわれわれは、その向上の解釈を引用し、「やみ」の秘義に肉迫してみたい。

以上からわれわれが学ぶのは次のことである。まず、神に関する偽りの惑わされた観念からの最初の撤退は闇（skotos）から光に移し置かれることである。次に隠されたことをより直接に理解すること（katanoēsis）とは、現れてくるものを通して霊魂を神の不可視の本性に向けて導くことである。その理解は一方では、現れてくるものすべてに影を投げかけ、他方では、さらに隠れたものを見つめるよう霊魂を導き慣らす雲に譬えられている、以上の過程で霊魂は上方へ歩んでいき、人間の本性にとって到達可能なことを放棄してしまうと、神認識（theognōsia）の聖域に立ち至り、神的な暗闇（gnophos）によって四方を取り囲まれるのである。その暗闇のなかでは現れ把捉されるものはすべて外に放棄され、霊魂の観想のために残されているのは不可視で把握不可能なもの（akatalēpton）だけである。そしてそこにこそ神は在す。まさに御言葉が律法の制定者について、「モーセは神が在した暗闇のなかへと入った」（「同」二〇・21、七十人訳）と述べる通りである。[3]

われわれはここでグレゴリオスの洞察をいささか敷衍してみよう。

霊魂の向上の第一段階は「やみ」（skotos）から光への超出である。ここでのやみの背景を旧約的に見ると創造以前のカオスや深淵（テホーム）（「創世記」一章2節）や人を虚無に誘惑する蛇である。新約的には光であるキリストに敵対する宇宙的諸霊（「ガラテヤ」四章9節）や律法主義などの例が上げられよう。その流れで教父にとってやみとは、キリストや真の自己に対する無知や虚無的意志などを意味しよう。従ってグレゴリオスは、スコトスなるやみから光の世界への超出を、神に関する無知迷妄から真理である神の観想への移行と解釈するわけである。しかし、光の世界に移されても霊魂は、全き光である真理を直ちに観ることはできない。それはあたかもわれわれの肉眼が太陽を直視できないことと似ている。そこに第二の雲の段階を通過する必要が説かれるのである。ここでグレゴリオスの言葉に傾聴しよう。

> 敬虔の知（hē gnōsis tēs eusebeias）の現れは、それが現れる人には光として生起する。従って、やみから向き直ること（回心、apostrophē）は光の分有によって生ずる。しかし知性（nous）が一層大で、より完全な志向を通して前進し、神的本性の観想に接近すればするほど、それだけ一層、かの神的本性の観想されないこと（atheōrēton）を明白に見るに至る。[4]

しかし知性は欲求的情熱（erōs）を通して神の観想を求めて止まない。その道行きにおいて知性はあたかも雲を通して太陽の光を見るように、神的な諸真理を知り、不可視の善美に与り、それらを受容する。この知において偉大になった者には、突如として知のある大転換が生ずる。それこそが先述のスコトスというやみ（skotos）と全く異なるグノフォス（γνόφος）といわれるやみへの参入なのである。これが霊魂の向上の第三段階にあたる。先にこのグノフォスについての引用をみたが、今はもう少しグノフォスに関するグレゴリオスの言葉に傾聴しよう。

探求されているものはあらゆる知を超えており、何らか闇によってであるかのごとく、把握されえぬというそのことによって回りを囲まれている。それゆえ、この輝く闇（ho lampros gnophos）に参入した人たる崇高なヨハネも、「何人も未だかつて神を見たことがない」（ヨハ一・18）と言うのである。この表現によってヨハネは、神的本性についての知（gnōsis）は単に人間にとってだけではなく、あらゆる可知的本性にとっても到達されえぬものだと主張しているのだ。

それゆえ、モーセが知においてより大なる者と成ったとき、彼は闇のうちで神を見たと語るのである。すなわち、すべての知と把握とを超えているかのものこそ、本性上神的なものだということをモーセは覚知する。聖書に、「モーセは神の存在する闇のうちにはいった」（出二〇・21）とされるゆえんである。では、神とは何なのか。ダビデの言うには、「神は暗闇を自らの隠れ場所とした」（詩一七・12）。そしてダビデその人も同じ聖所において、語りえざる神秘に参入させられたのである。[5]

このグノフォスが単に光の欠如としてのやみを意味するのでないことは、引用文中の「輝く闇」という撞着語法

(homōnymon) がよく表現している。すなわち、このやみは本来光輝くばかりの真理であるので、人間的知性はそれを観想できず、全くのやみの中にあると同じ状態に陥っているということを示す。それだからモーセに擬せられる霊魂は今や「輝く闇」に参入する。ところでグレゴリオスは、霊魂のこのやみへの参入にさらに別の開闢的意義をもたせている。それはどういうことか。予め言うなら、それは「背面的聴従」の地平の拓けに他ならない。ここでわれわれは、『雅歌講話』と『モーセの生涯』からその解釈に傾聴しよう。

しかるに、モーセはそれほどまでに偉大に成り、それほどの経験を経て神のほうに引き上げられたにもかかわらず、まだ満たされずにより多くを欲求していた。そして、直面して神を見ることを嘆願する者となったのである。御言葉の証言によれば、彼は神と直面して会話を交わす誉れを得たにもかかわらずである。すなわち、友が友に対するがごとく語り合ったことも、神との会話の交わし合いが彼にとって直接口と口でなされたことも、彼のより上のものへの欲求を止めることはできなかった。むしろ彼は言う、「もしわたしがあなたの前でご好意を得られるのならば、わたしにあなた御自身をはっきりと現してください」（「出エジプト」三三・13）と。そしてこの要求された好意を与えると約束した方は、「わたしは、あなたを万人に勝って知っているのだから」（「同」三三・17）と言って、神的な場所でモーセを避けて通り過ぎるのに、彼を岩の間に入れてご自分の手で覆いながら通ったのであった。その結果モーセは、その方が通り過ぎた後で辛ろうじてその背中を見ただけであった（「同」三三・21〜23）。以上のことを通して御言葉が教えていると思われることは、神を見ることを欲求するものがその慕い求めている方を見るのは、その方の後を常に随うことにおいてだということである。そして、その御顔の観想とは、後ろから御言葉に従うことで成就される、神に向かっての終わりなき歩みである。(6)

二五二　かくして、神にまみえんと熱心に憧れ求めるモーセは、如何にして神を見ることができるかを教えられる。すなわち、何処へ導かれようとも、そこへと神に聴従すること（akolouthein tōi theōi）、それこそが神を見ることなのである。実際、神が先導してゆく道筋こそ、従う人の導きとなる。道を知らぬ人にとって、自分の導き手の背後から従いゆくことがなければ、道行きを安全に全うすることなどありえないからである。つまり、導き手は先を歩むことによって、従ってくる者に道を示す。それゆえ、従う人はつねに導き手の背中さえ見ていれば、正しい道から逸れることがないのである。

二五三　事実、横に動いて道を逸れる人、或いは導き手と顔と顔とを（antiprosōpon）合わす人は、導き手が自分に示すのとは異なる道を取ることになってしまう。それゆえ、神は従ってくれる人に対して、「わたしの顔はあなたには見えぬ」（「出エジプト」三三・20参照）、つまり「導き手たる者に直面してはならない」と語るのである。人の取るべき道は全く反対の方向にあるのだ。なぜなら、善は、顔を合わすごとくに善を見ることはなく、ただ、善に従うのみだからである。(7)

この霊魂の闇への参入は、大略次の三点を開示すると思われる。

その一点目は、闇においては、視覚的な人間の知性能力とそれが遂行するカタチの正面的対象的認識が無力、無効になるということである。これは先述のギリシア哲学の形相把握としてのカタチ理解の伝統が、この闇では破綻することを意味する。

その二点目は、輝く闇においては人間の欲求（エピテュミア）や情熱（erōs）あるいは神愛（agapē）が、理性に代って霊魂を主導するということである。従って霊魂が愛するものは、真というよりも善美の分有となる。この善美の分有は、後述するように霊魂の有徳化として語られてくる。

その三点目は、本論にとって重要な「背面的聴従」（アコルーティア・akolouthia）である。この「背面的聴従」が語られる契機となるテキストは、モーセが面と面と合わせて神を見たいと願う次の言葉である。すなわち、「もしわたしが御前にご好意を得られるのならば、わたしに御自身をはっきりと現してください（emphanison moi seauton）。あなたを知的にはっきりと見るでしょう（gnōstōs idō se）」（『出エジプト記』三三章13節、七十人訳）。それ程、神に向かい向上したモーセは、このように神の直視を欲求する。しかし神を見ると人は死すといわれる。その言葉の意味は、『モーセの生涯』の引用が示すように、導き手である神と顔と顔を合わす人は、導き手が自分に示す道を離れて異なる道をとり迷い、非存在に陥ってしまうということなのである。従って霊魂・モーセは神が先導する道筋に従って行くのでなければならない。このことをグレゴリオスは、次のテキストを引用して説明する。

「主は言われた。〈見よ、一つの場所がわたしの傍らにある。あなたはその岩のそばに立ちなさい。わが栄光が通り過ぎるとき、わたしはあなたをその岩の裂け目に入れ、わたしが通り過ぎるまで、わたしの手であなたを覆う。わたしが手を離すとき、あなたはわたしの背を見るが、わたしの顔は見えない〉」（『前掲』三三章21～23節）

このようにモーセは、神の背面を見ることが許されただけであった。その本質的な意義をグレゴリオスは『モーセの生涯』二五二の中で開示している。「何処へ導かれようと、そこへと神に聴従すること（akolouthein）、それこそが神を見ることなのである」と。

ここでアコルーティアについて予め二通りの意味に触れておこう。一つ目は、先述のようにこのアコルーティアは、善美の分有であり、さらにその内実を言うならば、それは霊魂において徳の像が刻まれ創成してゆくという修徳的な意味をもつ。二つ目は、この聴従は花嫁・霊魂が若者・キリストに聴従してゆくことである。その際、キリストはロゴス（御言）であるから、このアコルーティアとは、具体的にはキリストを予示した旧約やキリストの言葉である新約を解釈し、その霊的意味の筋を辿ってキリストのメッセージを理解し実践してゆくことになる。このアコルーティアは、グレゴリオスの場合、「雅歌」や「出エジプト記」などの比喩的解釈を通して遂行されたわけである。ところで、キリストは御言として創造物の創造に際して働いた以上、ユスティノスが『第二弁明』において「種子的ロゴス」を語るように、その言は種子のように人類の宗教的哲学的文化的な事跡や考えや作品などの中にまかれていると言えよう。とすれば、偉大な思想家や聖者の言葉やテキストの中にこの御言の種子が見出だせよう。だからわれわれ日本人にとって親鸞や道元、良寛や石牟礼道子などの精神や言葉・作品の中に、キリストのメッセージを洞察することができ、それはわれわれのアコルーティアのよすがとなりうるわけである。

さてわれわれは、第一の意味でのアコルーティアに戻ろう。グレゴリオスはさらにこのアコルーティアについて次のように語っている。

偉大なる使徒パウロは、自らの見神体験をコリント人に語り告げているが、第三の天（パラダイス）にまで参入せしめられたとき、自分の人間的本性が肉体において在るのか精神において在るのか疑わしいほどであったという（『二コリント』十二・1〜4）。そして、その神秘体験を証してさらに、次のように言っている。「私自身すでに捉えたとは思っていない。むしろすでに到達したところのものを忘れ、絶えず、より先なるものに向かって、自らを超出（エペクタシス）させてゆく」（『フィリピ』三・13）と。この表現から明らかなことは、パウロだけが知りえたかの第三の天の背後に向かって（モーセですら、世界創造を語る際、かの第三の天については何も言及していない）、なおもより高い方へとパウロが参入してゆくということである。すなわち、かれは天国（パラダイス）の語り得ざる神秘（mystērion）について聞いた後、なおもより高い境地へと登りゆくことを止めず、また、すでに達成された善（agathon）が自らの志向・欲求の限界となることを決してゆるさない。思うに、このことによってパウロは次のことをわれわれに教えている。諸々の善きものの至福（makaria）の本性とは、つねに新たに発見されるということに存し、そして、すでに獲得されたものよりより超越的なるものは、無限であるということを。こうしたことは永遠なるものの存在様式に何らか分け与る人にとって、持続的なものとなる。つまり、そのように永遠なるものに何らか与る人には、その都度つねにより大なるものが現前してくるので、増大・伸展（epauxēsis）の道行きが止まることがないのである。[8]

この引用を読解すれば、霊魂による善美の分有・獲得への欲求は、すでに達成された善に限界づけられず、さらに一層大いなる善の現前に会ってそれを分有して行く。この自己超出の道行きは無限だとされる。この無限な善分有に向けて不断に自らを超出する在り方を、教父学の泰斗ダニエルーは「フィリピ」三章13節に拠って「エペクタシス」と呼んだのである。[9] われわれはこの新造語エペクタシスを、モーセのシナイ山登攀や霊魂の有徳化の道行きに適用して用いることになる。

次にここで注目される点は、エペクタシスに伴って「無限」概念が提出されている点である。プラトンなどギリシア哲学者にあっては、現象界の根拠となる神やイデアは、純粋なエイドス・カタチとされる。これに対し、グレゴリオスによれば神的本性は善であって、人間の霊魂を自己の許に誘い、自己に無限に与るように働きかけるという。今われわれは彼の無限に関する言説を聞こう。

至福で永遠的で「あらゆる人知を超える」（「フィリピ」四・7）神的本性は、それみずからの中に全存在を含んでいるので、どんな限定によっても規定されない。実にこの神的本性を規定するものは何もない。時間、場所、色、姿、形、量、質、延長そしてその他のもので規定するものは何もない。それが名であろうと、ものであろうと、概念であろうとも。却ってこの本性について考えうる善はすべて、無限、無尽蔵（aperion, aoriston）である。なぜなら神の本性には、悪の入り込む余地がないので、善の限界もないからである。

　こうした考察からしてさらに次のことが学び知られる。神的なるものはその本性上無限定（aoriston）であって、如何なる限界・限定（peras）によっても取り囲まれない。なぜなら、神的なものが或る一つの限定によって思惟されるならば、その限定の後なるものもまた、必然的に何らかの限定によって考えられ把握されることになる。限定されたものとは、一般的に或る限度で終止せざるをえないからである。[10]

このようにグレゴリオスにあって無限とは、ペラス（限界）やホリス（限り）がないということであるが、エペクタシスとの関連でいうとただそれだけではなく、限定への道程がそこから始まるアルケー（archē・端初、始まり）が重要な意味をおびてくる。それはどういうことか。それは徳のかたちの形成と関連するのである。

　霊魂の有徳化の道行きはあるアルケーから出発し、一定の距離を歩くとペラスに行き当る。この道行きは不断の向上・登攀というエペクタシスであるから、そのペラスを乗り超え、そこをアルケーとしながら再び新たな善の分有に向けて向上し、再度ペラスに到り、それを乗り超え、そこをアルケーとして善の分有、すなわち有徳化の道行きを辿り続ける。この道行きは無限の善美を愛する神的情熱（theios erōs）のエペクタシスとなる。このアルケーとペラスによって区切られる善美の分有の道程は、一つの徳（aretē）のカタチと成る。続くアルケーとペラスの道程は、また別の徳のカタチとなる。こうしてアルケーとペラスによって区切られるエペクタシスは、霊魂に徳の像（エイコーン・eikōn）を形成する道行きになるわけである。この消息をモーセのシナイ山登攀に擬してグレゴリオスは次のように語っている。

> 絶えざる登攀にあって、すでに把握されたものは、それ以前に把握されたものよりも大であって、探求されているもの（＝善）が有限な把握のうちに限定されてしまうことはないからである。却って、或るとき発見されたもののその限界・限度（peras）は、善への絶えざる登攀を為す人にとって、より高いものの発見のための端初（archē）となるのである。それゆえ、登攀する人は決して立ち止まることなく、或る端初へと変容して動きゆく。その際、つねにより大なるものへの端初・根拠はそれ自身において終わりに至ることがないのだ。と言うのも、上昇する人の欲求・憧憬（epithumia）は、すでに知られ到達されたものに決して停まることなく、超越的なものへの新たなより大なる欲求を通して、次々と霊魂は上昇し、より高きものを通って無限なるものに絶えず進みゆくのであるから[11]。

グレゴリオスがこのように徳の像の形成を語る時、彼は徳としてアリストテレスの『ニコマコス倫理学』で取り上げられるギリシア的倫理の伝統において語る。その際、まず徳の定義をあげる。それは悪しきもの・善の欠如と善きものの過剰の中間（meson）である。例えば、勇気（andreia）とは、臆病と無謀の中間である[12]。そして次に彼は具体的なギリシア的徳を例示する[13]。すなわち、知恵を筆頭として、節制、正義、勇気、思慮などの四枢要徳である。

しかし究極的にグレゴリオスは、別の観点、つまり「キリストの模範」はおいて徳のエイコーンの概念を深めたのである。

それでは模倣されるキリストについて彼はどのように考えたのだろう。彼は新約の二箇所を挙げている。すなわち、「フィリピ」二章7節と、「二コリント」八章9節とである。今「フィリピ」を見ると、その7節は、いわゆる「キリスト賛歌」の中に含まれる。「キリスト賛歌」とは、先在のロゴス・キリストが受肉・受難のケノーシス（7節）を生き、その結果、神の右に上げられ、キュリオス（主）の名を授けられる筋立てであると要約できよう。このキリストに模倣する者は、その実践的体現者パウロのように、キリストの死と復活を生きる者となる。以上の点をグレゴリオスは次のように述べている。

> 主は、自らを無にして僕の姿をとった（「フィリピ」二・7）。自らを世の命のための代価として与え、豊かであったのにわれわれのために貧しくなった（「二コリント」八・9）。これはわれわれが、彼の死のうちに生き、彼の貧しさのうちに富み、彼の僕としての姿のうちに王となるためであった[14]。

それではこのキリストの模範は、先述のアルケーとペラスの有徳化の道行きとどのように関係するのかが今や問題となってくる。それはさらに言い換えれば、霊魂がどのようにしてペラスという行き止まりを乗り超え、正にそのペラスを新しいアルケーとして向上できるのかという問題なのである。

グレゴリオスはこの問いに対して『雅歌講話』で語られる「没薬と乳香」に比喩的解釈を施す。その際、花嫁の美のエイコーンとして香料の煙の柱という「雅歌」の描写（三章6節）が注目される。というのも、この煙の柱は、没薬と乳香から成り立っているからである。そして没薬と乳香は、乙女への賛美であると言われる。乙女は神に奉仕しようと、神に焼かれる乳香となる前に、まず没薬にならなければならない。それはなぜか。

乙女である霊魂は、自分の肢体の地上的欲求を殺し（「コロサイ」三・5）、人間の救いのために死んだ主と共に葬られ（例えば、洗礼のこと。「コロサイ」二・12）、この主の埋葬に用いられた没薬（「ヨハネ」十九・39以下）を、その肢体の苦行を通じて自分の身に受け取る。このことの後に霊魂は香り高い乳香となって神を賛えるために捧げられ、香り高い気（プネウマ、霊）に満ちるのだからである。[15] 他のテキストでは没薬はキリストの死に与る洗礼（「ローマ」六・4）、信仰の始まりを意味し、乳香は花婿・若者であるキリストによって引き寄せられ、神化（テオーシス）してゆく変容や復活（アナスタシス）を意味するとされ、ここでも没薬と乳香の連動が説かれる。[16] 他のテキストでは、没薬がキリストの墓やその死を、乳香があらゆる無思慮な振る舞いからの浄化を象徴するとされ、「何人も、まずキリストの死を模倣すること（homoioma）によってそれと同じカタチ（synmorphos）に成ることなしには、神の栄光に与ることはない」と述べられている。[17]

あるいは没薬は悪に関する死を象徴して、徳に到達した状態を明らかにするとも語られている。以上にように比喩的解釈を見てくると、没薬と乳香はキリストと共に死に、キリストと共に甦る死生を象徴すると解釈できよう。そうすると、この比喩的解釈から霊魂の有徳化のエペクタシスにあって、彼女がペラスを乗り超え、そのペラスをアルケーとすることを可能とする契機がほの見えてくる。それは「キリストと共に死に、共に甦る」という秘義に他なるまい。すなわち、あるペラスまで歩んで止まった人は、そこで有徳化において自己主導の欲情に流されなかったかを思い、その自我にキリストを通して死ぬ必要を自覚する。その自覚によって自我に死ぬ場こそ、新しい出発のアルケーに変容するのである。従ってペラスを超出して新しいアルケーに立つことは、正しく没薬と乳香の秘義、つまりキリストの死生を生きることによって実現すると言わなければならない。このように観想してくると、この有徳化の像は、一方でギリシア的諸徳の調和と適合によって美しいエイコーンとして彫琢されると言える。しかし、この乙女の有徳のエイコーンは「キリストの模倣」に拠って根本的に創造されるのであってみれば、それは形相的なカタチの美としてではなく、主の受難と磔刑を模倣し映しとった姿、引き裂かれ、カタチもないほどデフォルメされた美の姿を呈しよう。この美は、ギリシア的カタチの美から見れば逆説的な美である。

グレゴリオスは、この受難を映す霊魂に美を見出すわけでる。その本意について洞察すれば、形相的なカタチの美は他者を魅了するが、それ自体で完結する。これに対し、受難するエイコーンとは、他者との出会いと他者の苦難を担うべく、自らのカタチが崩壊するにも関わらず自己完結性を超出する。つまり、他者に向かって自己同一性を不断に超え行くアガペーの美といえる。このカタチなきエイコーンの美は、ミケランジェロによるピエタ連作の最後の作品「ロンダニーニのピエタ」に窺うことができよう。

われわれは以上のように、無限善を分有して歩むエペクタシスに拠って徳のエイコーンがどのように像化されるかを参究してきた。ところでこの像化においてグレゴリオスは、徳の道行きを破綻させる罪悪や偶像化についても深刻に考究する。それはどういうことか。その考究のため、罪（hamartia）の最初の侵入としてモーセが兄弟によって嫉妬されたエピソードが挙げられる（「民数記」十二章）。さらに嫉妬によってカインが弟アベルを殺した（「創世記」四章）エピソードが、また嫉妬によって兄たちがヨセフを奴隷として売り飛ばした（「同」二七章）エピソードがとりあげられる。グレゴリオスはこうしたエピソードを挙げて「嫉妬は自分の悪ではなく、神をも含めて他者の善を不幸と感ずる情念であり、他者が悪を蒙ることを欲する。いわば、他者の善を葬る、死の父である」[18]と説示する。その意味で神に嫉妬して「神のようになれるよ」と言って、エバを唆し善悪の知識の実を彼女に食べさせ、生命から追い出す蛇こそ、嫉妬の典型といえる。この嫉妬という罪こそ、悪の根なのである。

偶像（eidōlon・エイドーロン）についてはどうか。エイドーロンは、幻という意味をもつ。だから偶像とは、真実在する神の幻影として、人を神から背反させ迷妄の非存在に引き込むよう働くといえる。グレゴリオスはそのことを次のように適確に述べている。

神的な言葉ははじめ、人間によって知られる如何なるものにも神的なものが似せられてはならぬと禁じていた。

なぜなら、何らか把握されうる見せかけ（phantasia）に即して思惟せしめられたものは、神的本性に関しての何らかの臆見や想像によって神の偶像（eidōlon theou）を造り出すだけであって、それらは決して真に神を表現するものではないからである。(19)

「出エジプト記」にあって偶像崇拝の歴史的出来事としては、イスラエルの民が「金の若い雄牛」像を造って礼拝し、それを先頭に立てて豊かな土地へ向け行進するというエピソードが挙げられる（「出エジプト記」三二章）。いずれにせよ、如上の罪悪や偶像崇拝によってはキリストの死生に倣って生きるエペクタシスの道行きは虚無化されるわけである。

ところで、これまで「雅歌」の花嫁・乙女を個別的霊魂と解釈して、その限りで霊魂をモーセのシナイ山登攀と重ね合わせ、エペクタシスの道行きを辿ってきたわけであるが、この花嫁が他方で教会協働体（カーハール・エクレーシア）としても解釈されることを忘れてはなるまい。

グレゴリオスによれば、神的なグノフォスに達した人は、人の手によっては造られない幕屋（スケーネー・skēnē）を啓示される。この幕屋とは「神の力、神の知恵であるキリストに他ならない」（「一コリント」一・24）。この先在のキリストは、神への背反によって「存在の外に離れてしまったもの（アダム）を、再び存在へと蘇らせるべく、われわれのうちに彼自身の幕屋を据えた（ekenōsen en hēmin「ヨハネ」一・14）」わけである。そこは地上の幕屋であって、キリストの身体（sōma）とも呼ばれ、ペテロ、ヤコブ、ヨハネなどの使徒を始め、師父、預言者を含み、そこでは朝夕「賛美の犠牲と祈りの芳香」が捧げられ、信ずる人々の愛と平和に満ちた一致の協働体が現成している。

この地上の幕屋は、歴史を通じて働き、多くの人々を招き寄せ（カーハール）、終末（parousia）に向けてその歩みを続ける。この歩みはオイコノミア（oikonomia・摂理的道行き）と呼ばれ、個々の霊魂のエペクタシス的アコルーティアに対応する。

以上のように花嫁は、個でありかつ協働体として、いわば集合人格的に解釈されるのである。[20]その花嫁・乙女がどのように「光とカタチとやみ」を生きたのかという歩みも、エペクタシス・アコルーティアとして解明されたと思われる。

むすびとひらき

われわれは本論においてまずギリシア思想において「光とカタチ」が形相というカタチの正面認識において際立つことを示した。しかも中期プラトンのイデア（エイドス・形相）の知は単に認識におわらず、徳（アレテー）として愛智者の魂を形作るものの謂であった。その形相的カタチを超える超越者の認識は、例えばパルメニデスにあっては否定神学やスパイロスという象徴を用いて表現された。それは人間知性にとって「やみ」といえば「やみ」ともいえる。

この「やみ」が一層探求されたのは、ヘブライ・キリスト教の系譜に属するギリシア教父であり、われわれはその中の第一人者ニュッサのグレゴリオスを参究した。彼はスコトスという迷妄・無知のやみから、敬虔な信仰による神の観想、つまり光の世界への拓けを示した。しかし今や人間の観想は真の「輝くやみ」グノフォスに到り、神が観想されえない者であることを自覚する。そこでは観照知に代わって欲求・アガペーが働き、神の言葉に聴従（アコルーテイン）しつつ、善の分有としての徳のエイコーンの形成に向かう。その向上の道行きは、根本的に無限の善美（神）のピロアンスローピア（人間への愛）に支えられる無限な善へのエペクタシスであった。そのエペクタシス・アコルーティアにあって霊魂はキリストの死と生とを共に生きる。その霊魂の生は、また他者との協働体形成と踵（くびす）を共にするのである。

本論のこのような参究にあって畢竟（ひっきょう）するに重要な精華は、われわれ自らがテキスト解釈としてのアコルーティアと徳のエイコーン形成としてのアコルーティアを卒啄同時的に生きうる地平へと落在することに存すると言えよう。

令和元年　師走　大雪

一人ひとり自愛の候

注

（1）Diels und Kranz, *Die Fragmente der Vorsokratiker, griechisch und deutsch*, Erster Band, Weidmann, 1972^{16}, pp. 217–246.

（2）以下の註において『雅歌講話』は「雅」と、『モーセの生涯』を「モ」と表記する。
本論では、『ニュッサのグレゴリオス　雅歌講話』（大森正樹他訳）、新世社、一九九一年と『モーセの生涯』（谷隆一郎訳、キリスト教神秘主義著作集第一巻）、教文館、一九九二年を邦訳として参照した。

（3）「雅」第十一講話、二六三〜二六四頁。

（4）「モ」一六二章。

（5）「モ」一六三〜一六四章。

（6）「雅」第十二講話、二八八頁。

（7）「モ」二五二〜二五三章。
（8）「雅」第八講話、一九九〜二〇〇頁。
（9）Daniélou, Jean, *Platonisme et théologie mystique. Essai sur la doctrine spirituelle de saint Grégoire de Nysse*, Aubier, 1944.
　他に、*Epektasis : mélanges patristiques offerts au cardinal Jean Daniélou*, publiés par Jacques Fontaine et Charles Kannengiesser, Beauchesne, 1972.
（10）「雅」第五講話、一二八〜一二九頁。
（11）「雅」第八講話、二〇一頁。
（12）「雅」第九講話、二三一頁。
（13）「雅」第一講話、四一頁。第十五講話、三六二頁。
（14）「雅」第一五講話、三六三頁。
（15）ここらの論述については、「雅」第六講話、一五四頁を参照。
（16）「雅」第八講話、二〇三頁。
（17）「雅」第九講話、二三五頁。
（18）「モ」二五六〜二五八章。
（19）「モ」一六五章。
（20）「集合人格」（corporate personality）については、H・W・ロビンソン『旧約聖書における集団と個』（船水衛司訳、教文館、一九七二年）を見られたい。

追伸　本論の精華をさらに考究されたい方は、次の三著作を参照されたい。
拙著『愛の言葉の誕生』新世社、二〇〇四年。
編著『ハヤトロギアとエヒイェロギア』教友社、二〇一五年。
山本巍〔訳・解説〕『プラトン 饗宴』東京大学出版会、二〇一六年。

光の形而上学／光の美学

樋笠　勝士

序

西洋思想史において「光」も「カタチ（形相・形式・形象）」も頻出する。事物においても思考においても、その原型概念として採用されている。「光」が無ければ事物の「カタチ」はそれとはわからないし、思考において「明らか」とされる内容は既に他の内容から区別された「カタチ」をもっている。これらに注目し、光の思想史としてまとめた先駆者は Beierwaltes であろう。[1] 彼はピタゴラスとパルメニデスを、その規範的原型思想としてとりあげ、プラトン『国家』の「太陽の比喩」や「洞窟の比喩」論へと展開させる「光の形而上学」の思想的基礎を築いた。その意味で光の形而上学の規範思想はプラトン主義であると言える。その「光」は真理の概念を内包する比喩的な表象であると共に、真理それ自体が真実在であるが故に「形而上学」をも構築することになる。

Blumenberg もまた、「真理のメタファーとしての光」を描く。[2] 彼は「光の形而上学」は比喩を基礎とすると言う。確かに真の実在を「光」のように描く仕方は比喩的描写であるが、その類似性の視点は、全存在を「光」の特質を以て理解することにもつながることであろう。もとより「光」の名にふさわしいのは神である。その神が創造した存在が何らかの意味で「光」の要素をもたなければならないとしたら、そのように考える思想は「この世」が神と同質的な何かをもつと主張していると言ってもよいであろう。そしてそのような思想は明らかに被造物それ自体を他ならぬ創造者が造った創造物であると見る視点、つまり創造物には創造者のもつ何かが含まれていると考える視点、端的に言って、作者と作品を密接に関係づける視点があるに違いないであろう。こうして「光の形而上学」は、あらゆる存在に神の光の反映を見る眼差しをもつという点で、現世肯定的な世界観をもつに至る。

他方、「光の美学」はどうあるべきであろうか。実際、語られている既存の「光の美学[3]」は、「美学」が芸術を研究対象とする学であるという認識に基づいている。もちろん、芸術のみに関わる「美学」も作品研究として徹底的に様式論の学を展開することはできるであろう。しかしその内実において、例えば絵画や音楽の描く内容においては、否応なく形而上学や神学の背景を捉えざるをえず、それに依拠しなければ学は成り立たなくなる可能性もあろう。ここで問われる。キリスト教芸術とは何であろうか。造形芸術では教会建築があり非造形芸術では教会音楽がある。これらを纏めて典礼芸術と言うこともできよう。これらキリスト教芸術を専有的に対象とする「光の美学」があるとしても、そのとき「光の形而上学」なしには思索に限界があらわれるのではないだろうか。なぜなら、現世肯定的な世界観を背景にしない限り、感覚知覚に依存せざるをえない芸術領域を称揚することはできないであろうからである。教会の窓を通してさす輝きやステンドグラスの光彩、これらは視覚的経験である。典礼音楽もまた聴覚的経験である。感覚的な経験になんらかの価値的意識をもつためには、現世や感覚界を否定する徹底したプラトン主義であってはならず、現世や感覚界の存在意義やその価値観を支えるプラトン主義が必要であろう。それを構築するのが「光の形而上学」なのである。

「神は作られたものを見て、それを美しい（善い）とした」。「創世記」に於いて、神は自らが創造した世界を価値づける。世界は善なる神によって創造された善なる存在である。この価値をもつ世界が、「美しい世界」として讃美されるのは、その先に神讃美があるからに他ならない。このような創造者讃美をねらう現世讃美という図式は西洋キリスト教思想に於いては基本思想であり、そのような思想類型を pankalia（「汎美」と訳す）と呼ぶ。[4] 現実の世界には苦悩や不幸や悪が認められるにも拘わらず、それでも現世を肯定するのは、現世を計画し配慮する神の知恵の支配への揺るぎない信仰の立場があったことを示している。それゆえ、世界や人生において悪しきことでも何らかの意味を有すると考える方向でかかる思想は展開してゆくが、そのような創造と価値との接合は歴史的にはプラトン『ティマイオス』が淵源となり、思想の類型としてはストア派が起源となる。しかし、キリスト教的な汎美思想に繋がる結節点となる思想としてはプロティノスをまたねばならないのである。[5]

本稿では、先ず「光の形而上学／光の美学」の原型を為すものとしてプラトンの理解を基本的な視点として取り出す。その上で、現世肯定的な思想を中核にもつプロティノス、聖書思想、及び教父哲学を見る。さらにその影響下にあるスコラ期の思想をめぐって考えたい。

一、光の表象――その基本的様相

先ず、光それ自体を反省的に思索した W. Beierwaltes を参照し、彼の光の表象の分析における視点に、幾つかの視点を加えて、光の諸様相としてとらえておきたい。光の形而上学の系譜を辿ることにおいて、基本的諸様相の強弱や視点の相違などによって各々の思想に個性的特徴を見いだせる意義もあろうからである。

1　真理としての太陽の表象――原理乃至原因としての光

光は太陽の表象として理解される。暗闇では目は視力をもつとは言えない。目の視力は陽光と共に成立している。

プラトンは『国家』にてグラウコンに語らせている。「（善は太陽と同様に）知識と真理を提供するものでありながら、自らは美しさにおいて、それらを越えている（509a）」。知性界の善のイデアは感性界の太陽と比べられるが、認識の可能性は光の度合いに依存するため、真理の原因は、真理を提供する光の側にある。しかし、それ以上に重要なのは、知識や真理も善いものであるが、それ以上に善いものである善のイデアが「美しさにおいて越えている」と言われる点である。光と美の密接な関係が、太陽の善と、太陽が与える善とを素朴な仕方で比較する際の価値的差異の表象として結果したのであるならば、そしてこの論述の直後にある、諸々のイデアから区別された「存在の彼方」（509b）としての善のイデアが登場する文脈を考慮するならば、美は善にも適用されることができ、また、善は既に光（太陽）の概念を内包していると言うほかないであろう。つまり善と美と光とは限りなく重なりあうのである。

この太陽的な存在論的認識論的原因性は光の形而上学構築のためには、最も根本的な規範概念となる。

2　真理に向けられた認識の諸段階――視覚的認識に基づく明らかさの諸段階

この太陽の表象は、存在を越えた善のイデアとして描かれるが、これが認識上の二領域と認識の四段階に対応して描き直される。「二世界説」「線分の比喩」論である。存在を越えた善のイデアは「可知界（νοητόν）」を照らす光（太陽）として、また「可感界（ὁρατόν）」においては物体的な光（太陽）が照らすという枠組みにおいて、この枠組みに対応して、認識論的に、知性的認識（νόησις）と思考的認識（διάνοια）、確信的認識（πίστις）と影像的認識（εἰκασία）に四分割される（511e）。これは太陽としての真理へと向けられた認識の明暗度を階層的に種別化したと言えよう。

この段階性は、光に関して存在論的に言えば、善のイデアの光源性と諸々のイデアの光線性の区別を、そしてそれに基づく認識論的な明らかさの度合いをつくるので、光の形而上学のあらゆる階層性や位階制の規範概念となる。

3　認識の経験とその理想——闇と光の経験

『国家』では、客観的な論述（上記1と2）に沿った仕方で、認識の理想が語られる。「洞窟の比喩」である。善のイデアは正しく美しいものを生み出す原因であり、「可知界」では自らが君臨し真実在と知性を提供するから、これを認識すべきである。しかし、太陽としての善のイデアは、実在のなかで最も光り輝くもの（ὄντος φανοτατόν）であるから（518c）、これを直視するには目を、耐える目にしていかねばならない（520c）。太陽を直視することとは何も見えないことと同義であるとしてよい。訓練しないままであると何も見えないし（515c, 516e）、暗闇に慣れた人間はむしろ嫌がるのであるが、しかし、真実の真昼の光への「向け変え（περιαγωγή）」をしなければならない（518d）。

この光の経験は光の形而上学構築における人間学的様相（倫理学）の規範概念となる。

4　美と光の一体的価値

善のイデアの輝きは、『国家』では「はかりしれない美（ἀμήχανον κάλλος）」とも表されるが（509a）、『パイドロス』では、善のイデアをも含む諸々のイデアは輝いており、中でも美のイデアの輝きが善のイデアよりも強調される（250b-d）。美（κάλλος）であることは直ちに輝き（λαμπρόν）をもつことになっているのである。恋（ἔρως）は常に美に対する恋であり、哲学者における知への愛を語る目的の下、美のみ、知性界のみならず感性界においても輝きをもつとされる。この点をBeierwaltesは注目していないが、光の形而上学の系譜においては注目すべきである。すなわち、感性界でも美は輝くという概念である。ここには似像から原型を辿る役割をもつ感性界の意義を語る別のプラトン主義がある。

この光の概念は pankalia の思想にとって最も規範的な概念となる。感性界の美と光のもつ記号性という重要な契機があるからである。

5　徳全体を光として描く視点

美や善のみならず、徳を輝くものと見る視点を示す論述は多い[6]。これらはカロカガティア（καλοκαγαθία）の概念を背景にした包括的且つ道徳的な善の価値を全体的に表すものであり、これもまた伝統的な倫理概念として近代に至るまで持続するものである[7]。

その他の視点もあるが[8]、本稿では以上の視点が後の光の形而上学の系譜をつくる規範概念として理解しておきたい。

二、「世界の美（pankalia）」の思想の淵源

先ず以て、神は美であり光であり、そして一でなければならい。これらを充たして「光の形而上学／光の美学」は成り立つ。思想史上、一性を美の根拠として明確に語ったのはプロティノスである。一者である神は世界の成立根拠でもあるから、世界創造において、光による流出論的伝播と美の展開を語るのである。世界の美と世界の光の成立のためには、原理的な原因が求められるのである。

1　一性の美と世界の美——プロティノス的淵源

初期の論考「美について（I. 6）」では、プロティノスは「美とは何か」を問う。古典的伝統的な「美」の調和思想に反対するものとして、彼は、「美」が、多数性を前提とする「調和・秩序」に基づくのではなく「一」に基づくものであることを主張する。この時、プロティノスは「光」を例示している。

論敵の「調和・秩序」思想とはおそらくはストア派のものではあるが、ピタゴラス的な古典的価値観に基づく客観的な調和思想、美を均衡（συμμετρία）とする秩序思想である。それは「美とは部分の部分に対する、また部分の全体に対する均衡である」とするものであり、部分と部分、部分と全体の関係性を前提とする以上、これは多数性に基づく価値である。美は均衡ではなく「均衡の上に輝くものである」として、これに反論するときに、プロティノスは、全体が美であっても、それを構成する部分が醜でありうることの問題や、かかる均衡や調和の美の規定がそもそも部分をもたない単純な事物の存在に妥当しないという問題を提出している。明らかに、多性と一性が問題となっている。議論は感性界における美の探求から始まるが、直ぐに彼は事例として、太陽、黄金、夜空の星、そして火など、感性的な事物を例示し、それらが「単一なもの（τὸ ἁπλοῦν）[9]」でありつつ美であることを主張する。もちろん、事物が美を実現するのは、事物に形相（τὸ εἶδος）が到来したためではあるが、そもそも光が形相でありロゴスであり非物体的なものであるが故に、「光は形相であるかのように、燦然と輝いている」ことで美が実現するのである[10]。こうして、「光」は、形相としての一性をもち、それがたとえ物体的な姿形に現れていたとしても、部分をもたない単一なるものとして理解される（部分はあっても多様の統一として一性が理解される）ことになる。

論考「知性的な美について（II. 9）」は、知性・ヌースの直知対象としての善一者を語る論文（V. 5）の直後に書かれたもので、内容的な連続性が認められる。それは始原（ἀρχή）として、一者・知性・魂の三者以外を数えてはならないという主張であり、このことは論文冒頭から明確にされている。「これ（一者）こそ真っ先に立てて、それから次に知性、つまり第一義的に直知しているものを、それから知性の次に魂を置かねばならない[11]」。存在論的な三段の位階秩序の立場を基にして、プロティノスはその関係を次のようにまとめる。「それぞれのものが自己のものを他者にも与えるのは必然である。さもないと、善なるものは善ではなく、知性は知性ではないだろうし、魂も魂ではないことになろう[12]」。これら三者が始原となるのは、いずれも善的存在であり、善的であることが既に自己付与的性格をもつところにある。そしてこの自己付与の思想が所謂「流出説」をつくることになる。従って、存在論的低減はあるにせよ、第三位の魂もまた自己付与的存在性格をもつことになる。人間が住む「この世界」は、こうして、魂によって作られるのである。「この魂は、常に照らされ、不断に光を持っており、それを次のものに授ける。そして次のもの（この世界）は、この光によって常に（永久に）維持され、養われて、能う限り生を楽しむ[13]」。この「光」について、プロティノスは「火」と「それを取り囲むもの」との関係で比喩的に説明し、取り囲むものどもが「火によって暖められる」と言う。「光」はただの放射的な働きの意味だけではなく、周囲に「暖を与える」ものとなっていることがわかる。以上の図式から明らかであるのは、「この世界」は、存在の価値的且つ必然的な付与の結果乃至所産であり、しかも「この世界」はとりわけ「生（ζωή）」が与えられ、与えられる限り生をもつという特徴があると言えるのである。つまり、生命の根拠でありつつ永遠的静止的である知性から生じた魂は、常に知性からの働きかけ（常なる照明／養育）において初めて時間的運動的な「生」をもち続けることができ、さらにこれを「この世界」に与えるのである[14]。

こうして、この世界／感性界を含む魂界、或いは世界や万物は、上位の存在の模像ではあるにせよ、そして流出の結果であるにせよ、上位のものによって存在を与えられ生かされた存在であり、その意味で上位的な価値を既に備えた肯定的な存在なのである。プロティノスは言う。

「いったい、かの世界（知性界）の模像として、（この世界以上に）もっと美しいどんな世界が生じ得たというのだろうか。……太陽にしても、かの所のものに次いで、そしてこの可視的なものをしのいで、他にどのようなものがありうるのだろうか」[15]。「火」や「土」、「天球」などの現実に見る知覚上の万物が、生じた最善の世界であることを語るプロティノスには、明らかに現世をあるがままの現世ではなく知性界が生んだ所産としての現世として見る視点がある。それは、「生まれた者」の「生」の根拠として「生む者」を称讃する言説となる。「この宇宙の管理は、人はそれを正当に非難することは出来ないであろう。なぜなら、第一に、それは、知性的な本性の偉大さを示しているからである。というのも、もし世界が生命を得たのが、何の結びつきもない生命をもつことによってではなく、……生命が連結的で至る所に満ち、途方もない知恵を示しているのであるとすれば、どうして人はこの世界を、知性的な神々の、明らかで美しい神像と呼ばないでいられようか」[16]。「すべて大地は様々な生きもので満ち、天に達するまでの至る所が不死なる生きもので溢れている（II, 9, 8）」[17]と語られる「この世界」は生命に溢れているが故に「（明らかで美しい）神像（ἄγαλμα）」と表現されるに至る。「この世界」は、「神像」なのである。[18]

2　神の美と世界の美——聖書的淵源

聖書においては美は功罪も含めて多様に語られている。これらのテキストに対して教父らが美を肯定的に捉えるとすれば、とりわけ形而上学的な視点の下では、神の美と世界の美が注目される。これが光の形而上学を構築する淵源となる。

「創世記」においては、神が世界を創造する際、その完成の場面ごとに語る「美しい（καλά）」は、Septuagintaによる訳語である（Gen., 1, 4, 10, 12, 18, 21, 25, 31）。創造者が被造物の完成を称讃する翻訳語が、ラテン語世界Vulgataによって「善い（bona）」と訳されても、その内実として「美しい」と読み返されるほどである。[19] 翻訳は解釈行為であるから、これらの理解は、制作者による作品の完成の宣言や作品の肯定的評価を意味することになる。

そこには必ずしも所謂美意識のようなものはないとしても、作品の完成（完全）自体が美的価値を意味するということは十分にあり得る。なぜなら、一般的に美の意味内容として「完全性」という概念もあるからである。こうして、「創世記」は、教父を通じて「世界の美（pankalia）」の思想として、芸術創造論に重ねられた創造論の思想を生み出して行くのである。

「知恵の書」は、芸術創造論的な創造論を深めている。「万物は尺度や数や重さによって配置された（Sap., 11, 21）」という一節は、創造論における芸術創造論を活性化させる。そこには創造者の知性や意志（創造の意図）や計画の含みがあるからである。また尺度や数は古典ギリシャ世界の美的価値観（調和や秩序）と一致し、教父たちが積極的に引用することになる。このような点は即物的な物体界を客観的に説明できる合理性をもつから、スコラ期以降は自然科学的視線の下に重視されることになる。

さらに「被造物の偉大さと美しさから、それらの創造者が類比的に／思索的に（ἀναλόγως, cognoscibiliter）見て取られる（Sap. 13, 5）」の一節は、被造物が創造者の存在を指し示す記号的な存在であることを意味し、結果として世界の探究を促進させ近代科学の発達にまで至る理由を与えることになる。被造物を探究すればするほど、個々の被造物の構造の緻密さや精巧さ、存在意義など、その内容や形式の全体にわたって神的知性の反映を見ることができ、自然の偉大さを、人間業では到達できない完成度の高さを感じとれ、そこに作品の美的価値を見いだすからである。このとき作者への洞察が始まる。教父たちもスコラ期の哲学者もこれらを積極的に採りいれていったのである。

「マタイ伝」の「野の花」（Matth. 6, 28-9）も、「ロマ書」の「神の見えないものが造られたものを通じて知られる」（Rom.1, 20）も、自然の美（作品）を神（作者）に至る経路として描いている点で同様と言える。[20] これらの思想はヘレニズムにおいて広まっていた既存のギリシャ思想、すなわちストア派の pankalia の思想やピタゴラスの宇宙の数的秩序論と親和的でもあるゆえに一層展開されて行くことになる。

三、世界の美と世界の光

世界の美を語るためには世界の創造が語られねばならない。それは「創世記註解」や「創造の六日間」という形式を採った「創世記」に対する聖書解釈である。[21] 世界の始まりを語る文書を解釈する者は、世界（そして歴史）のすべてを視野に入れなければならない。そのような視線をもつ者は形而上学者の名にふさわしい。もちろんすべてを視野に入れることはできない。とはいえ、それを目標にする生、或いは目標にする理想の生を訴えることはできる。こうして教父たちが「創世記」を解釈してゆくとき、そこには形而上学だけでなく倫理学も導入されてくる。つまり世界の構築を考えるためには、事実的なことだけではなく価値的なこと（幸福、善、そして美）を論じなければならないのである。これを西方と東方とに分けて見てみよう。

1　西方キリスト教における「美と光」——アウグスティヌスにおいて

アウグスティヌスは、初期の思想から継続的に世界の美を語っている。彼はマニ教と対決するために悪の起源を問わねばならなかった。そこで、悪に実在性を与えず、善の欠如として捉え直すことで存在論的には存在の善、世界の美を語る根拠を得ることはできた。しかしながら、最初の人間の堕罪の問題、自由意志と悪の問題、創造と現実的な罪人の存在との関係の問題は、観念的な次元での存在の善の思想と、現実的な次元での悪への対処との間に大きな裂け目を与え続けたであろうことは容易に想像できる。彼は、従って、悪の問題、罪の問題をことあるごとにとりあげ、その都度、世界の美を語って行くのである。初期著作では、悪の存在は絵画の黒い色に喩えられたりして絵画全体や歌唱全体の美を語る類比的思考もあれば、或いは部分と全体の議論、つまり部分に悪があっても全体としては美であるという議論もある。[22] これらは創世記解釈そのものではないが、世界全体を視野におこうとする点で創世記解釈と同位的思索であるといってよい。他方で、初期から『教師論』等にて照明説が唱えられ、創世記の記述に従った認識論的な階層的秩序も語られている。その他『告白』では、光としての神が登場し、ミラノにおける光の経験（「invisibilia Dei を見る」の経験）が報告され存在の善の思想に至っているし、また記憶論では美としての神が登場し、呼応するかたちで神への愛が謳われている。このように、アウグスティヌスにおいては美と光に関わる多くの論述があるが、ここでは彼の創造論として『創世記逐語解（*de genesi ad litteram*）』を見ておこう。「知恵の書」の引用もあるが、[23] ここで注目すべきは、神の創造のときの「善い（bona）」である。これをアウグスティヌスは次のように説明する。

「『そして神は造られたものを善しと見た』と我々が聞くときに我々が理解するのは、その霊の恵み深さにおいて、言わば、造られた後に被造物が知られたことによって神の喜びがあったのではなく、むしろ（善しと見た）善性において――その善性においてまさに被造物が生じるために（前もって）神の喜びがあったのだが――被造物が実際に造られ、造られたものが（さらに）存続するために神の喜びがあったのである[24]」。

「善しとみた」とは、作者が作品の完成した姿を初めて見て知ることによる喜びではなく（喜びの方は完成する前からある上）、完成した上にさらに作品の存続に向けられた喜びがあることを意味している。このような存続を目指した喜びには作品に対する強い価値的な眼差しがある、或いは端的に愛があると言ってもよいのではないだろうか。その愛は美に対する愛ではないだろうか。そうであるとして、美しいとみなすに値する作品の内容はどのように言われるのであろうか。

「すべての被造物は、それらが存在する限りは、自分の限度と数と秩序をもっているのであって、それらが全体として考察されるならば称讃に値することは当然である。すべての被造物は或る存在から他の存在へと移って変化するということも、その固有の類に応じた時間の美しさという隠れた調整によってそうなるのである[25]」。「知恵の書」を反映する一文だが、被造物の内部構造には、静的構造（共時性）のみならず動的構造（通時性）もあることが言われている。そのような視線は、「全体としてみる」という視線と同様に創造論的な視線であると言ってよい。つまり形而上学的俯瞰という視線である。このような世界の美の言説は創造論的視線の下にあるが、これは倫理的な領域でも当然のように現れる。

アウグスティヌスは神の創造の過程において、神が家畜や獣を「善しとみた」のと同様に、罪を犯すことになっている最初に人間を含めて、全体的に「善しとみた」として祝福した理由について、「罪を犯すことによって固有の美しさを失った被造物」があるとしても、被造物が全体として「普遍的に善である」としつつ次のように言う。「神は諸々の自然存在の中で至上の創造者であるが、罪を犯した人々を極めて正しい仕方で秩序づける者である。それは、もし彼らが個々別々に何らかの仕方で罪を犯すことによって醜悪となるとしても、宇宙全体は彼らを含んでも常に美しくあるためなのである[26]」。

存在の善の思想に抵触するのは、神の全存在の創造のうちに含まれる罪人の存在である。これをアウグスティヌスは神の摂理・配慮（providentia）、そして神の秩序づけ（ordinare）として捉えなおす。罪人は神の摂理の故に存在するのではなく、罪人は、神によってではなく自らの悪意によって罰せられるのであり、これを神が秩序づけているのである。これを『詩篇講解』第七編にて確認しよう。そこでは、ダビデをとりまく物語を倫理学的な意味に読み替える聖書解釈をする中で、最初の人間の罪と同様に一般的に悪を説明するアウグスティヌスがいる。

「実際、わたしは罪を犯しました、と言うのでなければ許されるはずもないのであるから、諸々の魂の功罪が、それが各々の自分に帰ってくる一方で、宇宙全体の美がどの部分も損なわれることはないというようにして、神によって秩序づけられていることを見てとる人は、すべてのことにおいて神を讃えるのである。……この詩篇から理解されうることとは、もし誰かが敬虔な精神によって、そして神に助けられて、義しい人の報酬と罪人の罰とを区別するならば、この二つにおいて、神が自ら創造し支配している被造物全体が、僅かの人によってしか知られない驚くべき美によって飾られているということである。……闇の本性というものが存在するということではない。というのも本性である限りの本性はどうあっても存在していなければならない。そのうえ、存在することは光に属し、存在しないことは闇に属しているのである。……（転落した人は完全に滅びたのではなく）最低の場所に秩序づけられたのである」[27]。

「存在することは光に属している」と言われる。宇宙は全体として美であると共に存在として光でもある。これが比喩なのか形而上学的な含みがあるのかは明らかではないが、この種の言説は確実に後世に影響を与えるであろう[28]。

2　東方キリスト教における「美と光」

①バシレイオスにおいて

バシレイオスが創世記解釈の書『ヘクサエメロン』において、神の世界創造を述べるとき、その世界を秩序的世界と見て美を語る。創造者である神は、「善」や「知恵」であると同時に「美」でもあり「光」でもあり、さらには、万物の創造者に対して無限の形成力をもつ陶工という類比も導入され（1. 2）、至るところで神は技芸をもつ者（τεχνίτης）と呼ばれる。そして見えるものの美から、すべての美を越えるものへと眼差しを向けてゆくことを強調する（1. 11）。

「光あれ」の解釈で彼はプロティノス的な疑問を発している。

「もし物体の美が部分相互の均衡や鮮やかな色に由来して存在を得ているならば、この美の説明は、どのようにして、単純且つ同質的である光というものにおいて保たれるのであろうか。或いは、光には光の個々の部分においてではなく、視覚に対して優しく心地よい光において均衡的なものが確かめられるのであろうか。実際、黄金は諸部分の均衡によって美しいのではなく、ただよき色のみによって美しいのである。……神が光について美を宣明（κρίσις）するとき、それは、視覚の喜びに向かって見つめる者（ἀποβλέπων）のする判断（κρίσις）なのではなく、光から始まって後続する有用性に向かって先を見る者（προορωμένου）としての判断であったのである。なぜなら、そのとき、光において美を判断するような諸々の人々の目は未だ無かったからである」[29]。

「光あれ」において「光」を「美しい」とする神の判断が問われている。そこで伝統的な均衡の美が提案されるも、それは光の一性（同質性）の意味と折り合わない。またその判断は結果としての判断ではなく、光の伝播してゆく先を見越した判断である。この判断は神の摂理を意味しているように思われる。

「『神は（造られたものを）見て美しい』と言った。これは神によって生じたものが目によって神に喜びを与えたのでもないし、我々人間にあるような諸々の美を気に入るようなことが神にあったわけでもない。そうではなく、『美しい』とは、技芸の原理によって完成されていることを、そして目的への奉仕に結集していることを意味するのである」[30]。

神の「美しい」の判断は、作品の完成度に関する高い価値評価であり、この場合、人間に類比的に技芸による制作が考えられている。

「原因のないものは存在しないし、偶然からのものも何も存在しない。すべてのものは語り得ない知恵をもっている」[31]。

被造物世界は必然的に結果した知恵を含む存在であり、極めて肯定的に考えられている。

②擬ディオニュシオス・アレオパギテスにおいて

すべての秩序を越えた「神性原理（θεαρχία）」は、存在と知性を越えている（1. 3）。存在と知性を越えるものとは、プロティノスでは一者である。だから神性原理は「単一者（μονάς）」とも呼ばれ、知恵があり美しい（1. 4）。さらに、これはすべての光を越えた根源的な光、知性的な光とも言われ、光は善や美と同定されて行く。光の形而上学が真正な意味で光の美学と一体化するためには、光と美との同定が必要である。プロティノスにて始まるこの思想の系譜は擬ディオニュシオス・アレオパギテスにて確固たるものになるだけではなく語源的にも正当化される。以下はそれを表す有名な箇所である。

「この善は、聖なる書を書いた人々によって、美しいものと美、愛と愛されるべきものと称讃される。……存在を越えて美しいもの（καλόν）は、美（κάλλος）と呼ばれる。なぜなら、美しいものからすべての存在する事物に各々に固有の美性が分け与えられることによって、万物のよき調和と輝きの原因であるからである。すなわち、存在を越えて美しいものは、光の仕方で、自らが光源となって万物を照らし、美を生み出すことにおいて分け与える。それは、万物を自らのもとへ呼び招く（καλεῖν）からであり――そこから美と呼ばれたのだが――、また全体を全体において同一のものへと統合させるからである[32]」。

この箇所では、善一者たる神が、端的に美である光として光源となり、その光の照明によって光と美が一体化して万物に伝播し、その活動が還帰の反転運動となる美への愛を生む活動であることが明確にされている。さらに、プロティノスにおいては価値的に区別されていた一性の美と調和の美との間の関係も、光源の一性と照射された万物の多性に割り振られ、各々、美として成立している。

さらに善一者としての「美しいもの」は、「全き美（πάγκαλον）」や「美を越えたもの（ὑπέρκαλον）」とも呼ばれ、すべての美しいものの源泉的な美性（ἡ πηγαία καλλονή）を自らのうちに卓越した仕方で前もって所有している。なぜなら「あらゆる諸々の美しい事物のもつ単純で超自然的な本性にとって、すべての美性とすべての美しいものは、一性を与える形相という仕方で（ἑνοειδῶς）、原因として、先だって存立していたからである。この美しいものから存在するすべての事物に対して存在すること（τὸ εἶναι）が与えられるので、各々の事物は固有の仕方で美しいのである[33]」。

善一者である神、万物に美を分け与える「美しいもの」が原因であるという時、この原因は存在を与える原因でもあり、事物が存在することで事物が美となる、という考えが呈示されている。この点は、プロティノスにおける「存在は一なることによって存在する」という思想の影響下にあることが理解されよう。すなわち、存在以前の善一者は、流出によって知性を生む。知性は存在であり美である[34]。この存在とは原因である一者の一性を含む存在である。知性は知性界でもあり、そこには諸形相が存在する。こうして存在とは起源としての一性と形相性を保つものとなる。このような理解によって、感性界の諸存在についても同様に個々の存在は「一であることによって存在する」となるのである。ここには多化された一性、多化された存在、多化された美がある。

多化された万物は単なる流出的派生物ではなく「固有の仕方で」「固有の美性」が与えられるから種別化される。光の形而上学の系譜では階層的世界が形成される。万物は位階秩序をもって構造化されるのである。では階層や位階は何のためなのであろうか。これを擬ディオニュシオス・アレオパギテスは「聖化の根源」が人間にさせたこととして説明する。

「（人間が）非物体的な位階を諸々の物体的な姿や形を組み合わせて多彩に飾り立てるのは、自分の能力に応じて、聖なる形象によって純一な非形象的な意味と類似へと高めていくためである[35]」。

「われわれの知性は、自分に適した物体的な導きを用いるのでなければ、天上の位階の非物体的な摸倣と観照

（μίμησις τε καὶ θεωρία）へと登っていくことができないのである。知性をもつ者（λογιζόμενος）は、（感覚的に）現れている美しさを現れていない威厳ある姿の写し（ἀπεικονίσματα）と捉えるのである。こうして、また感覚で捉えることのできるよい香りを知性的な分与の象徴（ἐκτυπώματα τῆς νοητῆς διαδόσεως）と捉え、物体的な光を非物体的な光の賜の像（εἰκὼν τῆς ἄϋλου φωτοδοσίας）と捉えるのである[36]」。

位階秩序は超越的上昇のためにある。階層同士の関係は形象的な類似がその都度意味をもって現れ、記号的な役割を果たす。記号は記号が指し示す指示対象をもつが、指示対象は上層階に位置している。言語論的に言えば、記号（signum）は意味（res）を指し示す。光の形而上学はプラトン的な主知主義的であるから、物体的なもの（音声）よりも非物体的なもの（意味）が価値をもつ。だからといって下層階が軽視されるわけではない。感性界の美の光は上層階へと人を導く意義をもつのである。擬ディオニュシオス・アレオパギテスは最下層の物体についても次のように言う。

「物体と言えども、真に美しいものから実在性を得ているために、その物体の全体にわたる秩序に従って、知性的な威厳ある姿を映す何らかの反響（ἀπηχήματα）を有しているので[37]」それによって人は非物体的な原型なるものへと上昇することができるのである。

「真の意味で、（感覚的に）見えるものとは、見えないものを反映して現れた像（εἰκών）である[38]」。

アウグスティヌスと同じように感性界の美には意義がある。感性界は被造物であり、神の作品であり、神の反映である。従って、世界全体が神を指し示す記号となるのである。

3　スコラ哲学期の「光の形而上学」

①グロステストとスフラワルディーにおいて

リンカーンの司教グロステスト（1175–1253）は、バシレイオスの影響を受けつつ同名の書 *Hexaemeron*（c.1240）を書く一方で、擬ディオニュシオス・アレオパギテスの『神名論』を註解し、他方でピタゴラスにも従って数学自然学著作群（『線・角・形について』『光について』）を書いている。そこでは「調和」や「均衡」といった概念を用いて世界の運動やリズムなどを説明している。単なる数に還元される古代思想とは異なって数学的な美の根拠を直線に見いだすところに彼の特徴がある。これが彼の世界創造の思想に投影され、世界全体への光の浸透という思索に至っている。部分の存在を前提する調和思想と、それを前提としない一性の思想とが彼の中で融合しているのである。グロステストは、その区別を理解している。そこで、次のような思想を生み出す。光のような単一なものはもっとも完全である一方で、光は最も統一されたもので内的には調和が場を占めているとする思想である。

「光はそれ自体美しい、なぜならその本性は単一であり、同時に自分にとってすべてであるからである。従って、光は最も統一されていて、その相等性によって、最も調和的に自己に対して均衡しているが、それら均衡したものの調和こそ美である。従って、物体的な姿形の調和的な均衡なしに、光それ自体は美しく、見るに最も喜ばしいのである[39]」。

「或る人々によって物質性とも呼ばれている物体的な第一形相は光であると私には思われる。なぜなら光は、自体的に自己自身をあらゆる部分へと拡散させるので、もし何か不透明なものが立ちはだかることがない限り、光の一点から発して光の球体がどのような大きさであれ即座に生み出されていくからである[40]」。

物体それ自体は質料であり、質料は三次元性を欠く単純な存在である。また形相もそれ自体としては単純なものであるので、形相が質料を展開させる（extendere）ことであらゆる方向に次元を導入できることになる。形相は質料を見捨てることができないし、質料は形相を空疎にされ得ないので、両者は切り離せないという前提で、光が増幅と拡散の働き（operatio）を為す。物体的な第一形相はすべての物体よりも優れた本質であり、すべての物体よりも質料から離れて存在する形相（forma separata）、つまり諸知性（intellegentiae）に類似している[41]。このように光の増幅と拡散によって宇宙の運動の展開を説明し、霊的存在から物体的存在までを階層的な「一と多」の展開として語って行く。ここで確認したいのは物体性を光とみなして、全宇宙を光が支配しているという、万物を光の度合いにおいて捉える見方である。同様の思想が、スフラワルディーにあり、その影響の可能性も含めて引用してもよいであろう[42]。それによれば、「諸物体は物体であることにおいて共通であり、光を受容するか否かによって異なる。従って、光は物体に偶有するのであり、物体の光度とはその顕在性を言う。……永遠に在る者はそれ自体において顕在的であり、物体やそれに付帯する性質から離在的な至高の光である」[43]。同質的な諸物体に差異を与えるのは光の度合いである。光の現れ方（顕在性）とは物体の多様性のことなのである。全宇宙を光の度合いで説明する形而上学的な新プラトン主義思想は、世界を階層化し（必然存在である一者、知性、宇宙を動かす魂）、その階層ごとに存在理由や価値を呈示し、光の増殖と拡散による伝播の動きに反転の動きをもたらし、光源への遡及を求める生のあり方（魂の浄化など）を示してゆく。

②ボナヴェントゥラにおいて

神学的な原理を語る書、*Breviloquium* の序文では、聖書の意義が語られている。

「この世界全体は、聖書によって起源から終末に至るまで、最も秩序的な行程によって進むことが述べられていて、それは、ちょうど、最も美しく秩序的に配列された詩のあり方に従っているようにであって、そこで人は、時間の行程に従って、世界を支配する神の知恵から発する多くの裁定がもっている多様性、多数性、相等性、秩序、正しさ、そして美を観想することができるのである。こうして、詩行の全体にわたって見渡していかなければ詩の美を誰も見ることはできないように、宇宙の全体を見るのでなければ、宇宙の秩序と支配のうちにある美を誰も見ることはできないのである」[44]。

宇宙を、その時間的な変容も含めて「宇宙の詩（carmen universitatis）」と言ったのはアウグスティヌスであるが、[45]ボナヴェントゥラも歴史のことを考慮に入れて、部分ではなく全体を見る視点を求めている。世界の美の発見は、世界を見る者のあり方に応じているのである。アウグスティヌスは悪の問題解決からそのような考えに至り「美」で纏めたのであるが、ボナヴェントゥラの場合は、「一と多」の規範概念に階層性の規範概念が加わり、「多」の多様性、すなわち階層の多化も帰結していると考えられる。実際、ボナヴェントゥラはアウグスティヌス以上に階層性を、しかも具体化した上で重んじている。そこではどの階層においても光源への遡及の契機を孕んでいるのである。この点は『神に至る魂の歴程』が明確である。

「（感覚を通じて入ってくる世界全体は）すべて痕跡であり、われわれはこれらの痕跡においてわれわれの神を観照することができる。……神は真理の光であり、この光のうちにすべてのものが語り得ない仕方で輝いている……永遠の技術（ars）、その技術から、技術を通して、技術に従って、万物は美しい形を与えられかたちづくられる……従って万物は美しくなんらかの仕方で喜びをもたらすものである……この感覚できる世界の被造物は神の見えないものを指し示している。なぜなら神はすべての被造物にとって源泉であり範型であり目的であり、そして全ての結果は原因のしるしであり、写しは範型のしるしであり道は目的のしるしであるからである」[46]。感性界には神の痕跡があり、そのすべてが創造者の存在を指し示しているのである。

「神を観照することは、われわれの外とわれわれの内においてのみならずわれわれの上においてもできるのである。外においてというのは痕跡を通じてであり、内においてというのは像を通じてであり、上においてというのは永遠の真理の光によってである……諸々の存在者の闇と感性的な事物の表象に慣れているため、われわれの精神の目は、至上の光そのものが存在することを見るときに、その光によって何も見えなくなるように思われるのである」[47]。

神の光そのものを見るという認識は困難であるとしても、痕跡を通じた神の認識は、神の美を映す世界の美の認識として成り立つ。彼の『命題集註解』第一巻第三区分、第一項「神の認識可能性について」の第二問では、被造物を通じた神の認識の可能性が問われている。結論は「神は被造物を通じて理性の自然的光によって認識される」となるが、そこでボナヴェントゥラは「被造物の美しさに留まって認識するか、被造物の美しさを通じて別のものへと赴くか」によって異なるとし、アウグスティヌス『自由意志論』の「あなたの痕跡（vestigia tua）」を引用し、「被造物のすべての高貴な特性は最高度に神に帰せられているべきである（omnis proprietas nobilis in creatura Deo est attribuenda in summo）」と言う。ここから彼は被造物においても「影（umbra）」と「痕跡（vestigium）」と「像（imago）」が差異をもちつつもすべて神の認識に導くものであるとしている[48]。

結語――「光の美学」について

十二世紀、パリ郊外のサンドニ修道院の院長シュジェール（Suger, 1080–1151）は最初のゴシック教会を建設することになったとき、修道院を守護する擬ディオニュシオス・アレオパギテスの思想の影響を受けたという理解がある。そこに「光の美学」の名が適用されるときは、ゴシック建築が垂直方向に伸びることで壁に幾らかの開口部ができ、多くの光を取り入れることができるようになったといった説明が入る。光に満ちた教会である。シュジェールが本当に「光の形而上学」の影響を受けたかどうかは明らかではないとしても、知性界に属す思想と感性界に属す芸術とを結びつけるためには、感覚や物体的自然に意義を与える形而上学の導入が必要である。そのためには創造者と被造物との関係が非連続におかれる「無からの創造」論において、それに基礎づけられながらも連続性の比重を大きくした創造論が必要である。言わば流出論的な創造論、或いは原型模像論的な創造論である。類似と相違を同時に見いだせる創造論である。[49] そのためには感性界の意義を見るだけではなく、知性界の中での「美と光の同一性の形而上学」も必要である。これは一者としての神の存在性格を語る形而上学となろう。「光の美学」は先ず以て神の美と光について語るという形而上学的美学でなければならないのである。

注

（1）W. Beierwaltes, *lux intelligibilis*, München, 1957.

（2）H. Blumenberg, *Licht als Metapher der Wahrheit*, 1957.『光の形而上学』朝日出版社、一九七七年。

（3）E. de Bruyne, *Etudes d'esthétique médiévale*, vol.1–3, Bruges, 1946.

（4）ヘレニズム時代では、名詞ではなく形容詞 πάγκαλος が使われている。なお、この形容詞はプラトンでよく用いられるが、意味は「汎美」ではなく美の強調である。参照、*Sym.*, 204c, *Phdr.*, 276e, *Lg.*, 732c など。

（5）この思想は近代のライプニッツまで地続きで展開する。そこでもこの世の悪を肯定的に見る思想（『弁神論』）があり、プロティノスを初めとする新プラトン主義的な「一と多」の規範概念に沿って、最善世界説が唱えられている。この影響を受けたバウムガルテンは『形而上学』の「世界論 Cosmologia」にて、「無からの創造」として成立した「この世界」の「秩序 ordo」を語る。pankalia の思想が近代合理主義哲学にまで続く基本思想であることは明らかであろう。

（6）*Pol.*, 613b, 533d; *Phdr.*, 246e, 248c; *Soph.*, 254a; *Tim.*, 90c.

（7）例えばシラーの「美しき魂」などが挙げられる。

（8）speculum animae の概念に関わる目や視覚の視点（*Alc*.133a–134e）等がある。

（9）I, 6, 1.

（10）I, 6, 3. λάμπει οὖν καὶ στίλβει ὡς ἂν εἶδος ὄν.

（11）II, 9, 1. τοῦτο προστησαμένους, εἶτα νοῦν μετ᾽αὐτὸ καὶ τὸ νοοῦν πρώτως, εἶτα ψυχὴν μετὰ νοῦν.

（12）II, 9, 3. ἀλλ᾽ ἀνάγκη ἕκαστον τὸ αὐτοῦ διδόναι καὶ ἄλλῳ, ἢ τὸ ἀγαθὸν οὐκ ἀγαθὸν ἔσται, ἢ ὁ νοῦς οὐ νοῦς, ἢ ψυχὴ μὴ τοῦτο.

（13）II, 9, 3. ἀεὶ οὖν ἐλλαμπομένη καὶ διηνεκὲς ἔχουσα τὸ φῶς δίδωσιν εἰς τὰ ἐφεξῆς τὰ δ᾽ ἀεὶ συνέχεται καὶ ἄρδεται τούτῳ τῷ φωτὶ καὶ ἀπολαύει τοῦ ζῆν καθόσον δύναται.

（14）cf. V, 1, 3.「知性は父親のようなものであって、自分の息子が自分に比べて不完全であるから、これを養育するようなものである（οἷον πατρὸς ἐκθρέψαντος, ὃν οὐ τέλειον ὡς πρὸς αὐτὸν ἐγέννησεν.）」。

（15）II, 9, 4. τίς ἂν ἐγένετο ἄλλη καλλίων εἰκὼν ἐκείνου ... ἄλλος δὲ ἥλιος μετ᾽ ἐκεῖνον πρὸ τούτου ὁρωμένου τίς ;

（16）II, 9, 8. ἐπεὶ οὐδὲ τοῦ παντὸς τὴν διοίκησιν ὀρθῶς ἄν τις μέμψαιτο πρῶτον μὲν ἐνδεικνυμένην τῆς νοητῆς φύσεως τὸ μέγεθος. εἰ γὰρ οὕτως εἰς τὸ ζῆν παρελήλυθεν, ὡς μὴ ζωὴν ἀδιάρθρωτον ἔχειν, ἀλλ᾽ ἔστι συνεχὴς καὶ ἐναργὴς καὶ πολλὴ καὶ πανταχοῦ ζωὴ σοφίαν ἀμήχανον ἐνδεικνυμένη, πῶς οὐκ ἄν τις ἄγαλμα ἐναργὲς καὶ καλὸν τῶν νοητῶν θεῶν εἴποι.

（17）『ティマイオス』37c にて「この世界」が「永遠なる神々の神像」であると言われている。これについては論争があるが、Cornford によれば、天体を意味する。プロティノスもそのように解している可能性はある。

（18）「この世界」を「神像」と呼ぶテキストについては以下を参照。III, 2, 14。なお、「神像」の言葉はイデアを表すものとしても使われている。cf., V, 1, 6, V, 8, 4; 5。またプロティノスにおいては、地上の美の称讃は、物象の構成（リズムや均衡）をみてその背後（知性）を考えての称讃であるとされる。彼はデミウルゴスがなぜ完成した作品をみて喜ぶのかを問うている。それはイデアの美を称讃してのことである（*Enn*., V, 8 (31) 8）。

（19）第三章のアウグスティヌスを参照のこと。

（20）聖書には「美」に関して強く警告している側面もある。「箴言」では「艶やかさは偽りであり、美しさは空しい」（Prob.31, 30）があり、所謂、vana pulchritudo の道徳観を醸成して行く。美は対極的にも描かれる。このような道徳観もキュニコス派やストア派のそれと親和性があると言える。

(21) テキストに従う解釈と、そうでない解釈とは全く異なる。前者は教父による創世記解釈、後者はプラトン『ティマイオス』である。いずれも世界の始まりを語るのではあるが、後者は徹底した俯瞰的構図によって客観的に語られる。それは一種の可能な「言説」として「語りだしていくもの」である。しかし前者は神の息吹によって人間を通じて「語られたもの」に基づく。テキストの絶対性は解釈の豊かな運動をもたらす。従って聖書解釈では常にテキストの向こう側に言葉を発した存在の意志（意図）を探る解釈となる。これはコミュニケーションの試みである。

(22) 『自由意志』2, 16, 42。『音楽論』6, 12, 35: 6, 12, 38。『真の宗教』32, 60: 32, 59。

(23) 先に挙げた「知恵の書」の「尺度」等への言及は多い。およそ「尺度」が事物の規定を、「数」が形相の付与を、「重さ」が事物を安息と安定への方向付けを意味している（4, 3, 7; 5, 22, 43 等）。

(24) *de genesi ad litteram*, 2, 14. cum vero audimus, “et vidit deus quia bonum est”, intellegimus in benignitate spiritus eius non quasi cognitum posteaquam factum est, placuisse, sed potius in ea bonitate placuisse, ut maneret factum, ubi placebat, ut fieret.

(25) *ibid.*, 3, 25. habent enim omnia. quamdiu sunt, mensuras, numeros, ordines suos; quae cuncta merito considerata laudantur nec sine occulta pro suo genere moderatione pulchritudinis temporalis etiam ex alio in aliud transeundo mutantur.

(26) *ibid.*, 3, 37. deus enim naturarum optimus conditor, peccantium vero iustissimus ordinator est, ut etiam, si qua singillatim fiunt delinquendo deformia, semper tamen cum eis universitas pulchra sit.

(27) *Enarr. in Ps*, 7, 19. non enim oportet ignosci, nisi dicenti; “peccavi”. qui ergo videt merita animarum sic ordinari a deo, ut dum sua cuique tribuuntur, pulchritudo universitatis nulla ex parte violetur, in omnibus laudat deum...quod in isto psalmo intellegi potest, si quisque pia mente, domino adiuvante, distinguat inter iustorum praemia et supplicis peccatorum, quemadmodum his duobus universa creatura, quam deus a se conditam regit, mirifica et paucis cognita pulchritudine decoratur...non quod aliqua sit natura tenebrarum. omnis enim natura in quantum natura est, esse cogitur. esse autem, ad lucem pertinet; non esse, ad tenebras...sed in infimis

ordinatur.

(28) esse は、『三位一体論』等で、esse, vivere, scire と存在の階層の基礎として見られる時もあるが『告白』にあるように生のあり方として量的に表現されることもある（例えば“quod minus est”等の表現など）。

(29) Basileios, *Hom. in Hex.*, 2, 7. εἰ δὲ τὸ ἐν τῷ σώματι καλὸν ἐκ τῆς πρὸς ἄλληλα τῶν μερῶν συμμετρίας καὶ τῆς ἐπιφαινομένης εὐχροίας τὸ εἶναι ἔχει, πῶς ἐπὶ φωτὸς ἁπλοῦ τὴν φύσιν ὄντος καὶ ὁμοιομεροῦς, ὁ τοῦ καλοῦ διασώζεται λόγος ; ἢ ὅτι τῷ φωτὶ τὸ σύμμετρον οὐκ ἐν τοῖς ἰδίοις αὐτοῦ μέρεσιν, ἀλλ᾽ ἐν τῷ πρὸς τὴν ὄψιν ἀλύπῳ καὶ προσηνεῖ μαρτυρεῖται ; οὕτω γὰρ καὶ χρυσὸς καλὸς, οὐκ ἐκ τῆς τῶν μερῶν συμμετρίας, ἀλλ᾽ ἐκ τῆς εὐχροίας μόνης, ἔπειτα νῦν ἡ τοῦ θεοῦ κρίσις περὶ τοῦ καλοῦ οὐ πάντως πρὸς τὸ ἐν ὄψει τερπνὸν ἀποβλέποντος, ἀλλὰ καὶ πρὸς τὴν εἰς ὕστερον ἀπ᾽ αὐτοῦ ὠφέλειαν προορωμένον γεγένηται. ὀφθαλμοὶ γὰρ οὕτω ἦσαν κριτικοὶ τοῦ ἐν φωτὶ κάλλους

(30) *ibid.*, 3, 10. καὶ εἶδεν ὁ θεὸς ὅτι καλὸν, οὐχὶ ὀφθαλμοῖς θεοῦ τέρψιν παρέχει τὰ παρ᾽ αὐτοῦ γινόμενα. οὔτε τοιαύτη παρ᾽ αὐτῷ ἡ ἀποδοχὴ τῶν καλῶν, οἷα καὶ παρ᾽ ἡμῖν, ἀλλὰ καλὸν τὸ τῷ λόγῳ τῆς τέχνης ἐκτελεσθέν, καὶ πρὸς τὴν τοῦ τέλους εὐχρηστίαν συντεῖνον.

(31) *ibid.*, 5, 8. οὐδὲν ἀναίτον, οὐδὲν ἀπὸ ταὐτομάτου. πάντα ἔχει τινὰ σοφίαν ἀπόρρητον.

(32) *de div. nom.* 4, 7. τοῦτο τἀγαθὸν ὑμνεῖται πρὸς τῶν ἱερῶν θεολόγων καὶ ὡς καλόν, καὶ ὡς κάλλος, καὶ ὡς ἀγάπη καὶ ὡς ἀγαπητὸν, τὸ δὲ ὑπερούσιον καλὸν κάλλος μὲν λέγεται, διὰ τὴν ἀπ᾽ αὐτοῦ πᾶσι τοῖς οὖσι μεταδιδομένην οἰκείως ἑκάστῳ καλλονὴν, καὶ ὡς τῆς πάντων εὐαρμοστίας καὶ ἀγλαίας αἴτιον, δίκην φωτὸς ἐναστράπτον ἅπασι τάς καλλοποιοὺς τῆς πηγαίας ἀκτῖνος αὐτοῦ μεταδόσεις, καὶ ὡς πάντα πρὸς ἑαυτὸ καλοῦν (ὅθεν καὶ κάλλος λέγεται) καὶ ὡς ὅλα ἐν ὅλοις εἰς ταὐτο συνάγον.

(33) *ibid.*, τῇ γὰρ ἁπλῇ καὶ ὑπερφυεῖ τῶν ὅλων καλῶν φύσει πᾶσα καλλονὴ καὶ πᾶν καλὸν ἑνοειδῶς κατ᾽ αἰτίαν προυφέστηκεν. ἐκ τοῦ καλοῦ τούτου πᾶσι τοῖς οὖσι τὸ εἶναι, κατὰ τὸν οἰκεῖον λόγον ἕκαστα καλὰ,

(34) プロティノスは、一者に善、知性に美を、一者に「存在を越えたもの」、知性に存在を明確に割り振る。擬ディオニュシオス・アレオパギテスは「美しいものは善いものと同一である」とするので、善一者は同時に美であり存在でもある。

（35）*hierarch.* 1, 3. τὰς ἄυλος ἱεραρχίας ὑλαίοις σχήμασι καὶ μορφωτικαῖς συνθέσεσι διαποικίλασα, παραδέδωκεν, ὅπως ἀναλόγως ἡμῖν αὐτοῖς, ἀπὸ τῶν ἱερωτάτων πλάσεων, ἐπὶ τὰς ἁπλᾶς καὶ ἀτυπώτους ἀναχθῶμεν ἀναγωγὰς καὶ ἀφομοιώσεις.

（36）*ibid.*

（37）*ibid.*, 2, 4. ἐπεὶ καὶ αὐτὴ, πρὸς τοῦ ὄντως καλοῦ τὴν ὕπαρξιν ἐσχηκυῖα, κατὰ πᾶσαν αὐτης τὴν ὑλαὶαν διακόσμησιν ἀπηχήματά τινα τῆς νοερᾶς εὐπρεπείας ἔχει.

（38）*Epist.* 10. ἀληθῶς ἐμφανεῖς εἰκόνες εἰσι τὰ ὁρατὰ τῶν ἀορατων.

（39）Grosseteste, Hexaëm. f.147v. haec (lux) per se pulchra est, quia eius natura simplex est sibique omnia simul. Quapropter maxime unita et ad se per aequalitatem concordissime proportionata, proportionum autem concordia pulchritudo est. Quapropter etiam sine corporearum figurarum harmonica proportione ipsa lux pulchra est et visu iucundissima.

（40）*de luce*, formam primam corporalem, quam quidam corporeitatem vocant, lucem esse arbitror. lux enim per se in omnem partem se ipsam diffundit, ita ut a puncto lucis sphaera lucis quamvis magna subito generetur, nisi obsistat umbrosum. ここから質料の希薄化や増大化、形相が質料を伴いつつ自己形成するときに空間運動の成立、宇宙の一三天球への展開、などの自然学的宇宙論へと論は進む。

（41）エリウゲナには既に擬ディオニュシオス・アレオパギテスの註解書の中で、石や木が光であり美しいと言って、物体自体が光の性質をもつと考えていたらしい。

（42）McEvoyは、イスラム関連では天文学の影響を高く見積もるが、スフラワルディーについては触れていない（J. McEvoy, *Grosseteste, Exgete and Philosopher*, Variorum, 1994）。しかし、間接的な影響を見る向きもある。参照、鈴木規夫『光の政治学——スフラワルディーとモダン』国際書院、二〇〇八年、二四八頁、註九七。

（43）スフラワルディー『光の拝殿』、第四の拝殿の第二節。『中世思想原典集成』第一一巻、平凡社、一一二一〜二頁。

（44）*Breviloquium*, prol. 2. Sic igitur totus iste mundus ordinatissimo de cursu a Scriptura describitur procedere a principio usque ad finem, ad modum cuiusdam pulcherrimi carminis ordinati, ubi potest quis speculari secundum decursum temporis *varietatem, multiplicitatem* et *aequitatem, ordinem, rectitudinem* et *pulcritudinem* multorum divinorum iudiciorum, procedentium a sapientia Dei gubernante mundum. Unde sicut nullus potest videre pulcritudinem carminis, nisi aspectus eius feratur super totum versum; sic nullus videt pulcritudinem ordinis et regiminis universi, nisi eam totam speculetur.

(45) *de musica*, 11, 29.

(46) *Itiner.* 2. 7, 9 et 12. Haec autem omnia sunt vestigia, in quibus speculari possumus Deum nostrum. ... et lux veritatis, in qua cuncta relucent ineffabiliter, ... in arte aeterna, a qua, per quam et secundum quam formantur formosa omnia, ... significant autem huiusmodi creaturae huius mundi sensibilis *invisibilia Dei*, partim quia Deus est omnis creaturae origo, exemplar et finis, et omnis effectus est signum causae, et exemplatum exemplaris, et via finis.

(47) *ibid.*, 5. 1, et 4. quoniam autem contingit contemplari Deum non solum extra nos et intra nos, verum etiam supra nos: extra per vestigium, intra per imaginem et supra per lumen veritatis aeternae, ... quia assuefactus ad tenebras entium et phantasmata sensibilium, cum ipsam lucem summi esse intuetur, videtur sibi nihil videre.

(48) *Commentaria in quatuor libros Sententiarum*, 1, D. 3, pars1, q. 2. 「影」は原因の種類が不明なまま不分明に神を映す場合、「痕跡」は原因の種類が作出因と形相因と目的因と明確であり、被造物に、一と真と善を見る仕方で神を判明に映す場合、以上二つの場合は神を遠さのうちに映す場合であるが、「像」は近さのうちに判明に映す場合である。「像」は、記憶と知性と意志というあり方で、原因の意味に加えて対象の意味もつ仕方で神を映す場合である。

(49) シンポジウム「中世における光とカタチ」（於 清泉女子大学）においては、提題者の鐸木道剛氏から、キリスト教思想を徹底的にプラトニズムから解釈しているという批判を受けた。今回は、光と美のテーマに関して最も基軸となる創造論を中心に論じたためプラトニズム的（＝新プラトン主義的）な解釈の枠組みが基礎となったが、かかるテーマに関連して受肉論に基づく解釈の枠組みも検討しなければならない。身体性は、感性界に属す芸術と同様に世界肯定的な価値（美）をもつため、例えば、教父哲学においては西方教父よりも東方教父の方が、世界における神性の成就という意味ではるかに身体性を重んじている。さらにグロステストに至っては物体そのものを光として理解するなどの視点が、物体や身体を積極的に価値づけるボナヴェントゥラと同様に、創造論だけでなく受肉論とどのように関連しているのか、これらを「光の形而上学／光の美学」の文脈で検討しなければならないが、これは今後の課題としたい。

シュジェールにおける光のカタチ(1)

――サン・ドニ修道院附属聖堂はなぜ「輝いた」のか――

坂田　奈々絵

はじめに――ゴシックの光

ゴシック建築は中世における光の一つの姿（カタチ）であるといえるだろう。この建築の特徴の一つである壮麗なステンドグラスは、光を目に見える「カタチ」に変え、カタチはそこに描かれた物語を人々に伝え、文字ではなく絵でもって教えを説いた。そこには人間の知性に対する神からの照明のアナロジーを見出すこともできるだろう。本稿で扱うサン・ドニ修道院長シュジェール（一〇八一―一一五一）の指揮下で改築された同修道院付属聖堂の東側周歩廊もまた、体系的な図柄とそこに描かれた文字によるカタチある光のあふれる空間であった。ではこのような「光」を、当時の人々はどのようにとらえていたのだろうか。このような問いに対する一つの手がかりとしてしばしば注目されてきたのが、このシュジェールの記録であった。『大聖堂の生成』を著したハンス・セードルマイヤは、「大聖堂の生成に際して光の神秘主義が決定的な役割を演じたことは、きわめて明確に裏付けられる」(2)とし、シュジェールが擬ディオニュシオス文書等に書かれた光に対する思想を摂取することで、大聖堂の光の空間が成立したのだとする。すなわちシュジェールはその著作によって、ゴシック建築の支配的理念（idée dirigeante）を提供する人物として扱われてきたのである[3]。

本稿で扱うのは、シュジェールが果たして「光」をどのようなものと捉えていたのだろうか、という問いである。彼は聖堂の描写の際になぜ光という語を選択し、また光という語によってなにを表現しようとしたのだろうか。そこで、サン・ドニ修道院付属聖堂の光の関係について光を中心としつつ整理し、彼の「光」についての言及を確認する。その上で昨今の研究を概観しつつまとめ、彼の説く光の特性について考察したい。

一、シュジェールとゴシックの「光」

1　サン・ドニのシュジェールとサン・ドニ修道院付属聖堂

さて、サン・ドニ修道院とは、現在のフランス・パリ郊外に位置する修道院であり、ジュヌヴィエーヴによって、パリの初代司教ディオニュシウス[4]（?―二五八）と同志殉教者であるルスティクス、エレウテリウスの埋葬地に建てられたとされるバシリカが基礎となっている[5]。このディオニュシウスがフランス語発音では「ドニ」となり、「サン（聖）・ドニ」と現在では呼ばれている。サン・ドニのシュジェールは、このサン・ドニ修道院の修道院長を一一二二年から一一五一年まで務め、彼の指揮下で行われた改築作業はゴシック建築の「本質的な」エレメントを備えて建造された初めての例であるとされた。また彼がその改築の過程について書き残した『サン・ドニ教会堂献堂についての書　Scriptum Consecrationis Ecclesiae Sancti Dionysii』[6]、『サン・ドニ修道院シュジェールがその統治においてなしたこと　Sugerii Abbatis Sancti Dionysii Liber de Rebus in Administratione sua Gestis』[7]の二書、そして一一四〇年の「定め書　Ordinatio A. D. MCXL vel MCXLI Confirmata」には、その建造過程や主に装飾に対する彼の見解が記録されている。これらの記述が、ゴシック建築という様式の神学的背景を説明するものであるとみなされてきた。

ではこの改築作業はどのようなものだったのだろうか。それは三つの段階に分けられる。第一には一一三四年頃から一一三七年頃に着工され、[8] 一一四〇年にイル・ド・フランスの三名の大司教・司教たちの司式のもとで献堂式が行われた、西側のファサード及びナルテックスの建設である。第二には、一一四四年に献堂式が行われた東側の聖堂頭部の改築であり、そこでは二重周歩廊と放射状祭室が形成された。[9] そして第三段階として身廊部分の補強作業が行われることになるが、シュジェールはその工程について言及しておらず、またその完成を見ることなく帰天した。[10] このような改築作業の中で、特に一一四四年献堂の東側祭室部分がゴシック建築様式の誕生であるとしばしば指摘されてきた。[11]

2 シュジェールと光

ではシュジェールによるゴシックの「光」はどのような形で現れたのだろうか。

ここには二つのポイントがあるだろう。第一には改築されたサン・ドニ修道院付属聖堂と「光」の関係である。上述のように、特に東側部分の放射状祭室の幾つかには、低い位置に図像と詩の描かれたステンドグラスが設置された。さらにこのようなステンドグラスには、シュジェールの記録している限りでは、パウロに倣ったアレゴリー的な諸図像、またモーセの生涯が描かれていた。このような点において、光は「カタチ」として建造物に結実した。

第二に、シュジェールはその記録の中で具体的な明るさについて言及しつつ、様々な光にまつわる言葉を用いて賛美を述べた。特に西正面の門扉に施した光の碑文、東側祭室部分に付されたとされる新造部分と旧来の聖堂の接続を記念する碑文がそれである。これに加えて、改築された東側祭室部分を「連続した光 lux continua」という言葉をもって表現したことや、サン・ドニ修道院付属聖堂の改築以前の状態について描く際に、『ダゴベール王事績録 Gusta Dagoberti』の光にまつわる語彙が頻出する表現を引用したことも挙げられるだろう。
本稿で中心とするのは、特に第二点目の、彼がその記述の中でどのように光に言及していたのかという点である。そこで彼が特に光に言及している二つの碑文を見ていく。

二、サン・ドニ修道院付属聖堂の二つの「光の碑文」

ここに挙げる碑文は、第一には一一四〇年に献堂された西正面中央扉口に刻まれたヘクサメトロスの碑文（碑文①）であり、第二には一一四四年の祭室階上部分の完成に際して元の銘文に付け加えられた[12]エレゲイオンの碑文（碑文②）である。

1 碑文の試訳

a 西正面の碑文（碑文①）

あなたが誰であれ、扉のほまれを高めようと求めるならば、
Portarum quisquis attollere queris honorem,
費用ではなく、作品に費やされた黄金と労苦[13]におどろけ。
Aurum nec sumptus operis mirare laborem,
作品は高貴に輝くが、しかし高貴に輝く作品は、
Nobile claret opus, sed opus, quod nobile claret

もろもろの精神を輝かせるように。それは（精神が）あまたの真の光を通して
Clarificet mentes, ut eant per lumina uera
真の光へと至るためである。そこには真の門たるキリストがおられる。
Ad uerum lumen, ubi Christus ianua uera.
内部がどのようにあるのか、ということを、黄金の入り口は定める。
Quale sit intus, in his determinat aurea porta:
鈍い精神は諸々の物質的なるものを経て真理へと上昇する。
Mens hebes ad uerum per materialia surgit
そしてはじめに沈められてしまったものは、この光を見ることで甦る。
Et demersa prius hac uisa luce resurgit.[14]

b　東側祭室部分の碑文（碑文②）

御言葉から一一四四年、
Annus millenus et centenus quadragenus
献堂が行われた年。
Quartus erant uerbi, quando sacrata fuit.
より後の新しい部分が、先にあった部分へと接合された時、
Pars noua posterior dum jungitur anteriori,

その中央部によって輝かされた宮殿（聖堂）[15]は燦く。
Aula micat medio clarificata suo.
というのも、諸々の輝くものと輝くごとくに結びつけられたものは輝くのだから。
Claret enim claris quod clare concopulatur,
そして新しい光が流れ込み、高貴なる作品は輝く。
Et quod perfundit lux noua, claret opus
それは我らの時代のもと、増築が行われた。
Nobile, quod constat auctum sub tempore nostro,
私、シュジェールが、それが成った時の指導者であった。[16]
Qui Sugerus eram, me duce dum fieret.

2　碑文の背景と概要

これらの詩に共通するのは、下線を引いた clarere、clarificare、lux、lumen といった「光」にまつわる言葉の多用である。碑文①では、「作品 opus」、端的には聖堂の扉が輝きを発するものであると讃えられる。それは単なる物質的で表面的な価値にとどまらず、その輝きは精神 mens を照らしだし、それにより「真の光」といわれるところの「キリストのおられる場所」へと誘いだすものだとされる。この理解は「鈍い精神は諸々の物質的なるものを経て真理へと上昇する」と語る七行目に総括されている。

また碑文②は、①とは異なり、空間に対する光と作品が発する光という二つの光が登場する。前半に登場する「より後の新しい部分が、先にあるもの（部分）へと接合された時」とは、東側祭室部改築の完工を指している。

使用されているclarere（輝く）、またmicare（燦く）は、一義的には「聖堂が改築され、輝きを得た」という出来事の描写である。改築された東側祭室は、改築以前の狭小な聖堂とは異なり、当時では最新の技術を採り入れた大きく開いた窓により、光を取り入れた空間となった。

とはいえ、このような光に関する語彙の多用は、事実の描写以上のものとして解釈されてきた。

3　光の形而上学的解読

これら「光」の碑文は、ゴシックの光輝性を特徴づけるものであると共に、この背景には擬ディオニュシオス文書における「光」の理解の影響があると見なされてきた。フランソワーズ・ガスパッリは碑文①を擬ディオニュシオス文書の一つである『天上位階論』冒頭部分の釈義であるとし、[17] エルヴィン・パノフスキーは新プラトン主義的な光の形而上学の影響があるとみなしている。[18] このような解釈の基本姿勢はオットー・フォン・ジムソン[19]やゼードルマイヤにも受け継がれた。また教会史家のジャン・ルクレールは擬ディオニュシオスの西洋世界に対する影響を説明する際に「擬ディオニュシオスの発想を、光のシンボリズムの説明を行うために利用した」ことの一例として紹介し、[20] 擬ディオニュシオス文書の翻訳及び解説も行った熊田陽一郎もシュジェールの碑文を「偽ディオニュシオスの基本的思想に連なる」ものとしている。[21] ここで共通するのは、シュジェールの表現が、単なる比喩としての光ではなく、「光の形而上学」に根ざしたものであるという解釈である。

三、光にどのような意味を見るか

1 「光」の意味付けのルーツ

そもそも、「光」という言葉には歴史を通じて多様な言葉の層が存在する。[22] いわゆる「光の形而上学」はプラトンの洞窟の比喩を淵源とし、ギリシア哲学のもとで聖書を解釈しようとする試みを経て、世界創造の「光あれ」と「世の光」たるロゴスの受肉を貫くものとして姿を現した。この光の原理的ありかたを聖書の記述に融合しようとする試みの一つが、擬ディオニュシオス文書であった。そしてサン・ドニ修道院の基礎となる聖ドニ＝ディオニュシオスは、十九世紀に検証がなされるまで、この文書の著者であると考えられていた。八二七年には、ルイ一世によってミカエル二世から寄贈された同文書の写本がサン・ドニ修道院に寄進され、ラテン語に翻訳されることで、この修道院はラテン世界における擬ディオニュシオス文書研究の拠点となった。

そしてこの文書群のうち、『天上位階論』および『神名論』に、いわゆる「光の形而上学」が描き出された。この著者は新プラトン主義、特にプロティノスとプロクロスの世界像に則り、世界を神的原理の発出と還帰の構造から描き、この発出を「光の照射」として説いた。つまり神における創造は光による照明という事態につながり、存在を作り出すものであると同時に、光の分与によって人間に認識を与え、この認識は必然的に光の源である神の方へと人を導く。また『神名論』では、「光」こそが神の力を最も本質的に言い表した言葉の一つであるとした。同書四章では、「光が宇宙の全てを貫徹し、照らし、創造する」ところのものであると同時に、光が「散乱したものを集める統一の原理」として呈示される。この統一の原理には「認識するものとされるものを一つに結ぶ」[23] 認識の力にも接続される。そしてこのような認識は必然的に存在そのものと一である。つまり人間存在は、光を介して、神を知るということ、また神の似姿であることの二つを併せ持つこととなるのだ。

2　パノフスキーによるシュジェールと光の形而上学の結びつけ

このような接続を背景として、ガスパッリは特に西正面口の碑文①を前項で引用した『天上位階論』冒頭のパラフレーズであると解釈した[24]。これはおそらくはパノフスキーの指摘に依拠している。彼がその前書きにて、シュジェールと光の形而上学の繋がりを示すものとして挙げる根拠は次の二点に絞られる。

第一に二つの碑文における「clarere」「clarus」「clarificare」という三つの言葉である。これらの言葉は、擬ディオニュシオス文書の翻訳者であり注解者であるエリウゲナ（八一〇頃―八七七頃）の『天上位階論注解』における記述と共通点を持つと指摘される[25]。

第二には①の碑文に書かれている「lumina」という語が中心となる[26]。この語はこの碑文が彫られた西正面扉口の「浮き彫り」を指したものであると想定され、物質性を介した非物質性への上昇のモティーフについても、エリウゲナの『天上位階論注解』のそれぞれの箇所に対応していると指摘される。この第二の点は以下のように対照される。

A：碑文①四―五行目「ut eant per lumina uera/ Ad uerum lumen, ubi Christus ianua uera」
エリウゲナ『天上位階論注解』「Materialia lumina, sive quae naturaliter in caelestibus spatiis ordinata sunt, sive quae in terris humano artificio efficiuntur, imagines sunt intelligibilium luminum, super omnia ipsius verae lucis…（物質的な光は、本性的に天上の領域に秩序付けられているものであっても、地上で人間的な技術によって作られたものであっても、可知的な、全ての光を越えた真の光それ自体の光の像である）[27]」

B：碑文①七行目「Mens hebes ad verum per materialia surgit」
エリウゲナ『天上位階論注解』「impossibile est nostro animo ad immaterialem ascendere caelestium

ierarchiarum et imitationem et contemplationem, nisi ea, quae secundum ipsum est, materiali manuductione utatur（私達の魂にとって、天上的なヒエラルキアの非物質的な模倣と観想へと高まることは、それ自体に見合った物質的な手ほどきなしには不可能なことである）[28]」

まず対応Aについて。シュジェールにおける「真の光」（複）を通した「真の光」（単）への上昇は、エリウゲナの「真の光」（vera lux）の像としての「物質的な光」に繋げられる。これは対応Bのシュジェールの説く「物質性」にもつながる。後者の対応では、シュジェールにおける精神と、エリウゲナにおける魂が近似したものとして捉えられ、物質的な手ほどきによる上昇（surgere）が天上的なヒエラルキアの観想と模倣への高まり（ascendere）につながる。このような点によって、物質性が光として真の光であるイエスのもとへと導く、というシュジェールの言葉の背景に、擬ディオニュシオス文書によって説明される神の光の照射としての創造の働きと、その分有という思想が据えられることとなるのである。

3　形而上学的解釈への批判的検討

このように考えるなら、五世紀にシリアで書かれたとされる書物が、エリウゲナやシュジェールを介し、中世ヨーロッパのキリスト教文化の一つの花形とも言える「ゴシック様式」に結実した、と捉えることもできるだろう。もしそうだとするならば、これは地域と時代を超え、また思想と建築の橋渡しを象徴する非常に魅力的な出来事に思われる。またシュジェールの散発的な神学的記述の背景に擬ディオニュシオス文書を見出すことは、その記述を解釈する一つの大きな指針を得ることにもつながる。

しかしシュジェールの「光」を形而上学的に解釈する傾向に対しては、現代ではしばしば批判が加えられている[29]。代表的なものは一九八七年のペーター・キッドソンによって発表された“Panofsky, Suger and St Denis”と、一九九五年のクリストフ・マルクシースによる *Gibt es eine »Theologie der gotischen Kathedrale«?* であろう。特にキッドソンはシュジェールがその文書において、エリウゲナ及び擬ディオニュシオス文書の引用はおろか言及すら見当たらない点を指摘し、シュジェールの光や彩美についての優れた感性に留意するならば、光の形而上学を援用せずとも彼の記述は成立しうるとした。またマルクシースは、一九九二年に行われたパノフスキーについてのシンポジウムを紹介しつつ、「イコノロジー」の思想史的背景を検討し、それをシュジェールに適応することの是非を考察した。そしてパノフスキー以降の研究者達の間で継承されてきた「ゴシック建築は新プラトン主義的な光の形而上学の実現であり、この光の建築には地上的な物質性において、超自然的な神的光が存在する」[30]というテーゼを再検討した。

こうした中でマルクシースらによって指摘されるのは、シュジェールに見られる光にまつわる用語の使用が必ずしも彼に独自のものではなく、先行する様々な詩句や碑文において聖堂と光は結びつけられているという点である。例えば以下の碑文はアクイタニアのプロスペル（三九〇頃–四五五以後）の『アウグスティヌス格言集 Epigrammata ex sententiis Augustini』に収録され[31]、さらにシャルルマーニュによって建造されたアーヘン大聖堂（八〇〇頃）の八角形の礼拝堂にも刻まれた詩句であるが、ここには aula、clarere、opus といった単語が登場している。特にシュジェールの碑文②との類似を指摘することができるだろう。

生ける石が平和の一致により互いに繋げられる時、
すべてのものが和合した群れへと集まる。
全ての宮殿を aulam 造られた、主のわざは輝く claret opus domini。
人間の信心深い努力に対して、完成された結果を与える。

それらの永久の美に飾られた建造物は立ち続ける。
もし完全なる権威者が守り、そして統治するならば。[32]
（このように、神が安定した基礎によってこの神殿を安全にしようと望まれますように。／［この神殿は］皇帝シャルルマーニュが建造した。[33]）

また他の例としては、サン・ドニの修道士であったドゥンガルス（？―八二五以降）が教会について歌った賛歌「Haec est mira domus」も挙げられる。マルクシースや、また特にマルティン・ビュクセルはシュジェールの碑文のドゥンガルスからの強い影響、むしろ彼の碑文がドゥンガルスによる賛歌の再構成である可能性を指摘している。[34]

これは多彩な金で描き出された驚くべき家。

輝きにおいて卓越しており Nobilis in claro、敬虔なる教えによって輝く clara。

包まれた金によって光輝を放つ nitent。銀の壁は白く輝く albet。

煌めく大理石により押し下げられた大地は吠える。

この見目のよい家は――旅人は知るべきである――

三人の聖人たちの肉体を一つに繋げる。[35]

この碑文での clarere、nobilis といった言葉の上での類似と、聖堂と輝きのモティーフの連続といった点には多くの共通点が見いだせる。さらに聖堂と光を結びつける記述はこの二つのみならず様々に存在し、[36]その点を見るとシュジェールの碑文もまた、このような伝統に従ったものであり、整理された世界像としての思想的背景は存在しないということもできるのである。くわえて「光」というモティーフそのものも聖書に頻出するものであり、あえて光の形而上学の伝統に位置付けずとも、シュジェールが聖書を基に光のモティーフを発展させたと考えることも可能である。

一方、シュジェールの碑文を先行する碑文との連関のみに解消させることにも注意が必要であろう。第一に碑文①にあるような、物質性と光、そして上昇のモティーフは、影響の指摘されている碑文に表れているとは言い難い。第二に中世においては必ずしも権威となる文章の逐語的引用を行うとは限らない点も指摘されている[37]。第三に碑文に見られるような語彙のレベルでの一致は先に挙げたエリウゲナとの対応にも見られるものである。つまりこのような光の伝統をシュジェールが知っていたとしても、それが必ずしも擬ディオニュシオスからの影響の可能性を排する証左とはならないのである。

四、シュジェールの「光」

以上を踏まえて見ていきたいのが、シュジェール自身の文脈において、光をどのように解釈しうるのかという点である。そこでそれぞれの碑文の特徴を踏まえつつ、その内実を概観したい。

1　碑文①

この碑文の場合、鍵となるのは三―四行目「作品は高貴に輝くが、もろもろの精神を照らすように。それは（精神が）あまたの真の光を通して／真の光へと至るためである。そこには真の門たるキリストがおられる」とその後の七行目「鈍い精神は諸々の物質的なるものを経て真理へと上昇する」というセンテンスであろう。特に四行目における複数形の「真の光」、また「物質的なるもの」を経た上昇のモティーフは独特であり、シュジェールにおける光の意味付けを問う上で重要なものと考える。

a　解釈のための補助線

この「真の光」について考えるうえで補助線となるのが、第一にこの扉の碑文の終末的枠組みと、第二に彼が別の箇所で用いるanagogicus mos（上へと導く仕方）という言葉である。

そもそも、碑文①の設置された西正面中央扉口の主題はイエスの過越と終末であり、シュジェールの碑文自体も終末の枠組みにおいて読むことができる。この中央扉口には他に「厳格な裁き手よ、あなたのシュジェールの願いを受けいれてください。あなたのものである羊の群れの中に、わたしを優しく受けいれてください[38]」という一文が刻まれている。それはヨハネによる福音書一〇章七節にある「羊の門」を介して、碑文①の現れる「真の門」であるキリストに接続されうる[39]。また七行目のmens hebes（鈍い精神）および八行目のdemersa（堕落）がそれぞれsurgereとresurgereという動詞と共に登場する点についても、その手がかりとなるだろう。つまりdemersaはmens（精神）の状態を指すが、それがprius（はじめに）と接続されることで、時間的な意味での原初的な堕落を指しているとも考えうる[40]。すなわち、ここでの光を介した上昇とは、救済の歴史的流れの中に位置づけられるものであると言える。

第二にanagogicus mosという言葉は、シュジェールが『統治記』二部一三章にて用いた特徴的な表現である。ここで彼は「神の家の飾り」、すなわち具体的な教会内の装飾の美を讃える際に「［私は］物質から非物質へと運ばれながら（de materialibus ad immaterialia transferendo）、ほむべき観想が聖なる多様な諸徳の多様性を追求するよう説き薦める時、私は自分が地上の外の、他の領域にあるように感じた。……さらに下から上へと、神がおあたえになったアナゴーゲーの流儀によって（anagogico more）運ばれることができるように思われる」と述べる。[41] この anagogicus という言葉はギリシア語の ἀνά（上へ）と ἄγω（導く）からなる合成語をラテナイズしたものであり、当時の思想史的文脈においては、擬ディオニュシオス文書によって伝えられる新プラトン主義的色彩の強い認識・存在の上昇を指す言葉であると同時に、聖書解釈における霊的・黙示的解釈を指す言葉であった。そのため、如上のシュジェールの光理解の形而上学的解釈の可能性を考察する文脈では、この光の碑文と接続した形で、擬ディオニュシオス文書からの影響の可能性が指摘されてきた。またそのような研究に対する批判的検証を踏まえても、物質性 materialis と非物質性 immaterialis を対比的に扱い、それに anagogico more という表現を加えることは、擬ディオニュシオス文書的な伝統にあるものと考えることは十分に可能である。[42] そして碑文①七行目「鈍い精神は諸々の物質的なるものを経て真理へと上昇する」という一節についても、真理へと至る道を「物質的なるもの」とし、垂直的なイメージをもって描き出しているという点を踏まえるならば、anagogicus mos との共通点を指摘することはできるだろう。そしてこの anagogicus がはらむ黙示的解釈の可能性は、第一に上げた碑文の枠組み自体にも接続されうる。

b　複数の「真の光」

次に特徴的なのは、複数形で登場する「真の光」という表現である。

この「真の光」を聖人崇敬に結びつけようとする指摘も存在する。特に複数形の「真の光」という表現は、アンブロシウスの賛歌「Aeterna Christi munera」[43] やベーダの「Apostolorum gloriam」[44]、また十二世紀のサン・ドニ修道院においても歌われていた[45]「Exultet celum laudibus」[46] などに登場する。[47] またシュジェール自身も、一一四〇年のシャルル三世の記念聖務についての規定を扱った「定め書」にて、絶えることなく光を灯すことを制定する等、光と聖人を結びつけている。[48] このような真の光と聖人、そして聖堂の結びつけは、修道院付属聖堂改築に通底する聖遺物への篤い崇敬にも繋げうる。[49] ここから、人間と「キリストのおられる真の光」へと導く「無数の真の光」を「聖人」と見ることは可能であろう。しかし、七―八行目にあるような「上昇」のモティーフをシュジェールは聖人に対する崇敬の場面で用いることはないため、これと断定することは困難である。

そもそもこの碑文の中心が「opus」であることを考えるなら、装飾や細工のような具体的なものを複数形の光の内実として捉えるのが最も直接的な解釈であろう。しかしそこに「真の」と付与するのは、人間の「技」によって造られた物質的作品をあまりに神格化しているように思われる。そこで先に上げた anagogicus mos の文脈を援用するならば、そこで「上へと運ぶ」発端となっているのは「宝石の多彩な美しさ」[50] である。それを踏まえると、複数の「真の光」とは純粋に物質というよりも、物質を見たときの美を味わうこと自体であり、それによってこそ単数形の「真の光」に運ばれる、と解釈することもできるだろう。そしてこの点に加味したいのが、このような anagogicus、あるいは物質と非物質を結びつけるという表現が、彼の描写する献堂式の場面において、「大祭司キリスト」の働きとして提示されている点である。[51] さらに『献堂記』冒頭をはじめとし、彼はしばしばキリストの受肉の出来事を相反するものの一致の根拠として書く。[52] そこからすれば、複数の真の光は、美しさであると同時に、受肉を根拠としつつ、様々な美が奉仕する目的として明示される、典礼の経験へと繋げられるのではないだろうか。[53] そしてこの出会いは終末の枠組みに強く規定される。つまり「上昇」はその場その瞬間の非時間的に理解されるものであると同時に、終末の救いへと繋げられる具体的な歴史性を含意するものとも解されるのである。

以上のように読むならば、碑文①とは、opus（作品）の輝き、つまり美による精神の照らし出しであると同時に、それらが奉仕する先にある典礼でのキリストとの邂逅に繋げられる。そして六行目の「黄金の入り口」、端的には「黄金と労苦」の費やされた作品は、聖堂の中で行われるそのような典礼のありかたを、美ないし輝きを通して人々に告げるのだと説いていると解することもできる。

2　碑文②

以上の碑文①の解釈を抑えつつ、碑文②に目を移したい。この碑文は、①にもまして光に関する多くの言及がなされる。「中央部によって照らされた宮殿」や「輝くものと輝くごとくに結び付けられたものは輝く」「新しい光」等がそれである。

a　内陣の光

この輝きについても anagogicus のような上昇に関する文脈で読むこともできるだろう。しかしここで注意するべきなのが、シュジェールが『献堂記』のはじめに、古いサン・ドニ修道院付属聖堂の様子を『ダゴベール王事績録』を引用し、そこで用いられる nitor、splendescere といった光にまつわる言葉とともに、輝く聖堂として描写した点である。[54] そしてこの東側周歩廊の完成時には、「驚くべき、連続した光によって luce mirabili et continua」聖堂が煌めいたのだとする。[55]

このような点から、五行目の「輝くものと輝くごとくに結び付けられたものは輝く」という光の氾濫は、ダゴベール王によって建造された聖堂であるという由緒を尊重した上で、先行する輝く聖堂に対して、輝く東側部分が接合されたことを讃える詩として読むこともできるだろう。それならば六行目の「新しい光」もまた、この聖堂の新造部分の輝きとして解釈される。

b 「中央部」による輝き

さらにここでもう一つ踏まえておきたいのは、四行目の「medius」によって輝く、という記述である。シュジェールはこの単語を、特に注意をしないかぎりでは「聖堂の建築的な中心線」「人の群れの中心」「物体の中心」を指すものとして用いている。[56] この碑文の場合、その意味は端的に第一の「聖堂の中心線」であり、さらに東側祭室部の具体的なプランにおいて、聖堂建築としての「中心」は聖ドニの聖遺物を奉遷した主祭壇を指す。

ここで同時に考えたいのが、同じmediusについて説明する場面での詩篇の引用である。彼は東側祭室の作業の完成について語る際、詩篇四七篇三節「全地の喜びのうちに、北にあるシオンの山、大いなる王の都は土台を据えられた[57]」を引用し、それに四五篇六節「その中心に（in medio）神はおられ、動かされることはない[58]」という一節を続ける。この詩篇の引用に登場する「動かされることのない」神のありかたを、シュジェールは暗に否定し、この引用に次のように付け加える。「罪人たちの懇願により動かされる神は、回心の燔祭がなす芳香によって和解させられ、お赦しになることを拒絶することはないだろう[59]」。そして祭室部分を建物の中心とし、そこに十二本の柱が十二使徒を模して建てられ、さらに外周に十二人の預言者を模した十二本の柱が建てられたことに言及する。シュジェールが建築作業に際し、聖堂の範型の一つにエルサレムの神殿を置いていたことはしばしば指摘されるが[60]、この模造としてのエルサレムは、純粋に形態的な模倣だけでなく、その中心に「動かされる神がいる」という点が重要となる[61]。つまりmediusは教会建築の中心であると同時に、神が働く「場」として呈示されるのだ。

また、mediusの用例に時間に関する要素が含まれている点も視野にいれたい。つまり工事の始まりに際して、シュジェールは「アルファにしてオメガである方が、良き始まりに対して良き終わりを、安全な中間によってmedio結んでくださるよう[62]」と祈る。彼が神による改築事業への助力をしばしば強調する点を踏まえるならば、それは工事の過程だけではなく、そこでの神と人間の協働を含む。そこに黙示録を引用することにより、それが単なる作業にのみ限定されず、世の始まりと終わりに結び付けられた神の働きという、終末に臨むものとしての現在を意味するものとなる。

つまり「中心によって輝く」とは彼が記録するところの、神との協働としての改築作業と、神が働く場としての空間そのものの二つによると考えることができる。碑文②においては、精神を照らし出す光輝たる装飾の増加、おそらくは採光の向上という現象的側面を前提とし、同時に輝きという言葉をもって賛美された過去の聖堂との歴史的接続を踏まえつつも、改築作業に現れる神との「時」と、神の働く場としての内陣という「場」の二つが交錯する場として新しい聖堂を捉え、そこに輝きを見出していると解釈することもできるだろう。

3　シュジェールの光と形而上学的光

以上のように、特に碑文①と anagogicus mos に留意するならば、彼の発想の源には、おそらくはなんらか光の形而上学、あるいは擬ディオニュシオス文書に類する思想的潮流からの影響があったと考えることはできる。また三－2で対照したような、物質性をもって非物質的領域へと移行するという構図についても類似していると言える。しかしその一方で、そのような構図を導き出す神学的背景をどの程度シュジェールに適応できるのかというのは困難な問いである。様々な類似が見られるものの、シュジェール独自の特徴があることも明らかである。

そもそもシュジェールの光の扱いの一つの大きな特徴として、彼の「光」は、必ずしも創造との連続で語られていない。彼の前提には神による世界の創造があったということは言うまでもない。しかし分有のような、創造者との連続性を彼は語ってはない。この点は美を語る際の用語にも現れる。彼がその文書において、アウグスティヌス的な用語（proporatio, harmonia, consonantia）や擬ディオニュシオス文書的な用語（claritas, splendor, consonantia）といった言葉を用いていない点はしばしば指摘される。[63]「上昇的な仕方 anagogicus mos」を語る際の「美」は

speciositasという言葉でもって語られる。彼はさらにその美を創造には接続しない。エリウゲナが『天上位階論注解』にて、神による創造において「あの石」や「この木」が人々を神へと導く「光」となると説いた[64]一方で、シュジェールが光の表現によって讃える物質は、形色としての美を示すspeciositasであるとされており、この語彙はエリウゲナによる『天上位階論注解』には登場しない。またこの光は人の精神を照らすものとして提示されるが、その光がより根源的なものへと運ぶありかたは、擬ディオニュシオス文書に書かれたような、究極的な一へと神を指し示す事物が縮減されていくある種の階層的・否定神学的上昇であるというよりも、物質性に対する積極的な評価のもとで、複数の真の光の経験がそのまま、それにおいて一つの真の光へと人々を導き上げるというイメージのもとで解される。もちろん一なるものへの導きであるということは、必然的に、その契機となるものを否定神学的に抜け出ることを含意する。しかしシュジェールが祭儀のうちに一致の完成を見出そうとするとき、多なるものは多を保ったまま一なるものに仕え、聖なるものは此岸のうちに出現する。そしてこのような構造こそが物質的多を追求するための動機となる。これはある種の、受肉をもとにした肯定神学的姿勢であると言っても良いだろう。

そのため、この光の働きの場は必然的に多へと展開することとなる。すなわち建築作業、それによって成立する歴史的連続性、そして典礼を中心とし、地上的事象を通した真なるものとの数多の邂逅であり、それをつなげるのはイエスの受肉の出来事である。シュジェールはしばしば「多様性の追求」を説き、それを実践した。このように彼は地上の個々の具体的経験、特に視覚的経験において神の働きを観取しようと努め、そこにこそキリストへとつながる真の光への光の途を見出したのだろう。

五、おわりに

冒頭の問いに戻りたい。彼が捉える光とはどのようなものか、なぜ光という語を選択し、そしてこの語によってなにを表現しようとしたのだろうか。

彼における光は、受肉をかなめとした物質と非物質の紐帯となる言葉であった。光という言葉の選択、また美という概念との暗黙のうちの接続においては、擬ディオニュシオス文書とその伝統からの影響を考慮することはできるだろう。しかし彼の見聞した聖堂を讃える光の伝統、聖書における光、そして『ダゴベール王事績録』に描かれていた光という、彼の属する共同体と彼自身の文脈も看過することはできない。このような場合、「光」はなんらかの原理的働きを示すものであると同時に、具体的な個々の事象そのものを示すというゆらぎが発生する。しかしこれこそが思想史における光という言葉に蓄積されてきた、多層的な意味と捉えることもできるのではないだろうか。

光はカタチとなることで、人々を導くものとなり、カタチは光であることにより、そのものの意義を得るのだろう。

注

(1) 本稿は二〇一八年度東北学院大学キリスト教文化研究所研究フォーラム「ロマネスクからゴシックへ」における講演「サン・ドニはなぜ「輝いた」のか?」をもとに『東北学院大学キリスト教文化研究所紀要』三七号(二〇一九年)に掲載された報告を改稿したものである。同研究所の許可のもとで掲載する。

（2）ゼードルマイヤ『大聖堂の生成』前川道郎、黒岩俊介訳（中央公論美術出版、一九九五年）、三七〇頁。

（3）Stephen Murray, *Plotting Gothic* (Chicago: University of Chicago Press, 2014), pp. 77–78.

（4）以下、本文中では「聖ドニ」と表記する。

（5）cf. Sumner McK Crosby, *The Royal Abbey of Saint-Denis : from its beginnings to the death of Suger, 475-1151*, ed. Pamela Z. Blum (New Haven : Yale University Press, 1987), pp. 13–26.

（6）以下、本文中では『献堂記』、脚注では cons. と標記する。私訳の底本としては以下を使用した。*Abt Suger von Saint-Denis, Ausgewählte schriften : Ordinatio, De consecratione, De administratione*, ed. Andreas Speer, Günther Binding, Gabriele Annas, Susan Linscheid-Burdich and Martin Pickavé, (Darmstadt : Wissenschaftliche Buchgesellschaft , c2000). 引用箇所の表記についても、同書の表記に従う。

（7）以下、本文中では『統治記』、脚注では adm. と標記する。底本、表記については注6に同じ。

（8）パウル・フランクル『ゴシック建築大成』佐藤達生、辻本敬子、飯田喜四郎訳（中央公論美術出版、二〇一一）、一三七頁。

（9）加藤耕一『ゴシック様式成立史論』（中央公論美術出版、二〇一二年）、五一頁。

（10）フランクルはシュジェールが身廊そのものを取り壊すことは想定していなかったのではないかと指摘している。というのも、彼はその改築において古い建築と新しい建築の一致に気を配り、古い聖堂にひけをとらないような石材を産出する採掘場を探していた。パウル・フランクル『ゴシックとは何か――八世紀にわたる西欧の自問』黒岩俊介訳（中央公論美術出版、二〇一六年）、一七頁。

（11）パノフスキー以前には、サン・ドニ付属聖堂は様式の過渡期に位置付けられるものであったため、彼がサン・ドニ修道院付属聖堂を「唯一の」ゴシック建築様式発祥の聖地であるとしたと、という指摘もなされる。加藤『ゴシック様式』一〇頁。

（12）当該の碑文を含むシュジェールの全碑文とそれが刻まれた場所については以下に詳しい。cf. Clark Maines, “Good Works, Social Ties, and the Hope for Salvation. Abbot Suger and Saint-Denis.” *Abbot Suger and Saint-Denis. A Symposium*, ed. Paula Lieber Gerson (New York : Metropolitan Museum of Art, 1986), pp. 77–94, pp. 85–86.

（13）本箇所は nec が aurum（黄金）と sumptus（費用）の双方にかかるのか、あるいは sumptus のみにかかるのかで先行する翻訳にも見解の相違が見られる。パノフスキーはここで次のように訳している。「Marvel not at the gold and the expense but at the craftmanship of the work」cf. *Abbot Suger on the Abbey Church of St.-Denis and its art treasures*, ed., tr., and annot. Erwin Panofsky（Princeton, N.J. : Princeton University Press, 1979), p. 47。またガスパッリは「n'admire ni l'or ni la dépense, qis le trqvqil de l'oevre」（Gasparri, *Écrit sur la consécration*, 117）と翻訳しているのに対して、シュペーアはホフマンらの批判を踏まえ、「bewundere das Gold – nicht die Kosten! –（und）die Leistung dieses Werkes!」（Speer, *Abt Suger*, p. 325）と翻訳する cf. Suger, *Écrit sur la consécration de Saint-Denis ; L'Œuvre administrative ; Histoire de Louis VII*, tr. and comm. Françoise Gasparri,（Paris : Les Belles Lettres, 1996）; Lettres de Suger ; Chartes de Suger ; Vie de Suger par le moine Guillaume, comm. and tr. by Françoise Gasparri（Paris : Les Belles Lettres, 2001)., Konrad Hoffmann, "Zur Entstehung des Königsportals in Saint-Denis," Zeitschrift für Kunstgeschichte, 48. Bd., H. 1（1985), pp. 29–38, p. 36, n. 49。本論文ではシュジェールの黄金に対する肯定的言及を加味し、Speer による翻訳を参考としつつ、否定は sumptus のみにかかるものとして翻訳した。

（14）adm 174, 776–786.

（15）aula について、ガスパッリは basilique、パノフスキーは church、またシュペーアは Halle と訳している。cf. Gasparri, *Écrit sur la consécration*, p. 121; Panofsky, *Abbot Suger*, p. 51; Speer, *Abt Suger*, p. 327.

（16）adm 180, 813–821.

（17）Gasparri, *Écrit sur la consécration*, p. 209 n. 180.

（18）Panofsky, *Abbot Suger*, p. 165.

（19）ジムソン『ゴシックの大聖堂』pp. 105–109.

（20）*Pseudo-Dionysius: The Complete Works*, tr. Colm Luibheid and Paul Rorem（Mahwah, NJ: Paulist Press), 1988, p. 27.

（21）熊田陽一郎『美と光――西洋思想史における光の考察』（国文社、一九八六年）二〇三頁。

(22) クラウス・ヘドウィグは中世における光にまつわる言語表現についての考察の中で、その意味を三つに分類している。第一にはシンプルな光のモティーフ、第二に認識論的に用いられるメタファー、そして第三に挙げられるのが、いわゆる光の形而上学である。Cf. Klaus Hedwig, *Sphaera lucis : Studien zur Intelligibilität des Seienden im Kontext der mittelalterlichen Lichtspekulation* (Münster : Aschendorff, 1980), passim. cf. Markschies, "*Theologie der gotischen Kathedrale*"?, 49. またヘドウィグよりも古い光の分類の分類として、「光の形而上学 Lichtmetaphysik」という概念を初めて用いたボイムカーの *Witello* における分類がある。そこでは第一には「可視的光を神とみなす」一義的用法（Univok）、第二には「不可視的知性領域についての『単なる』比喩または形象と考えるもの」としての多義的用法（Aequivok）、そして第三に「光の形而上学」と言われる「類比的用法」（Analogie）である。ただしここでの分類については熊田のまとめに準拠している。cf. Clemens Baeumker, *Witelo: ein Philosoph und Naturforscher des XIII. Jahrhunderts* (Münster: Aschendorff), 1908.; 熊田陽一郎「光の比喩か、光の形而上学か？　ディオニュシオスの光の思想」H・ブルーメンベルク『光の形而上学――真理のメタファーとしての光』所収（朝日出版社、一九七七）一〇六頁。

(23) DN872C（邦訳二二七頁）.

(24) Gasparri, *Écrit sur la consécration*, p. 209, n. 180.

(25) Panofsky, *Abbot Suger*, pp. 22-23.

(26) Panofsky, *Abbot Suger*, p. 24.

(27) Ioannes Scotus Erigena, *Expositiones super Ierarchiam caelestem S. Dionysii*, PL 122, 139B.

(28) Erigena, *Expositiones super Ierarchiam caelestem S. Dionysii*, PL 122, 138B. ただしこの一文については、エリウゲナが自身の翻訳した『天上位階論』の冒頭の「neque possibile」という表現を「impossibile」に置き換え、引用したものである。

(29) Peter Kidson, Panofsky, Suger and St Denis, *Journal of the Warburg and Courtauld Institutes*, Vol. 50 (1987), pp. 1-17.

(30) Christoph Markschies, *Gibt es eine "Theologie der gotischen Kathedrale"?* (Heiderberg, 1995), p. 39.

（31） Susanne Linscheid-Burdich, “Beobachtungen zu Sugers Versinschriften in *De administration*” in *Abt Suger von Saint-Denis, Ausgewählte schriften : Ordinatio, De consecratione, De administratione*, ed. Andreas Speer, Günther Binding, Gabriele Annas, Susan Linscheid-Burdich and Martin Pickavé, （Darmstadt: Wissenschaftliche Buchgesellschaft, c2000）, p. 114.

（32） Prosper Aquitanus, *Epigrammata ex sententiis Augustini*, PL 51, 509B-C ; Cum lapides vivi pacis conpage ligantur, / inque pares numeros omnia conveniunt, / claret opus domini, totam qui construit aulam, / effectusque piis dat studiis hominum, / quorum perpetui decoris structura manebit, / si perfecta auctor protegat, atque regat.

（33） アーヘン大聖堂の碑文での付記。「Sic deus hoc tutum stabili fundamine templum quod Carolus princeps condidit esse veli」 cf. Kendall, *The allegory of the Church: romanesque portals and their verse inscriptions* （Toronto; Buffalo : University of Toronto Press, c1998）, p. 312, n. 61.

（34） cf. Martin Büchsel, *Die Geburt der Gotik: Abt Sugers Konzept für die Abteikirche St.-Denis* （Freiburg im Breisgau : Rombach, 1997）, pp. 56–61.

（35） Dungalus Reclusus, Carmina, PL 105, 529B.; Haec est mira domus vario depicta metallo, / Nobilis in claro, dogmate clara pio. / Auro tecta nitent, paries argenteus albet, / Ex nitido pressa marmore terra gemet. / Haec formosa domus — viator cognoscere debet —/ Corpora sanctorum continet una trium.

（36） VIRGINIS AVLA MICAT VARIIS DECORATA METALLIS. SED PLVS NAMQVE NITET MERITIS FVLGENTIOR AMPLIS（乙女の宮殿は飾り付けられた多彩な金によって燦然と輝く。それにもまして、たしかに素晴らしい功徳のより一層のきらめきは輝く）, *Inscriptiones antiquae totius Orbis Romani in absolutissimum Corpus* 2, ed. Janus Gruterus （Francixcus Halma, 1707）, 1172./ AVLA DEI CLARIS RADIAT SPECIOSA METALLIS ¦ IN QYA PLVS FIDEI LVX PRETIOSA MICAT （神の宮殿は輝かしく見目のよい金によって光を放つ／それを通して、より価値のある信仰の光は燦然と輝きだす）, *Inscriptiones antiquae totius Orbis Romani*, p. 1164.

（37）Francesca Dell'Acqua, L'auctoritas dello pseudo-Dionigi e Sugerio di Saint-Denis, in *Studi Medievali*", 55.1 (2014), pp. 189–213.

（38）Suscipe uota tui, iudex districte, Sugeri, / Inter oues proprias fac me clementer haberi. adm. 785-6, 324.

（39）Burdich, „Beobachtungen zu Sugers," p. 123.

（40）これについては大グレゴリウスにも見られる用法である。Cf. Gregorius I, Epistolae, PL 77, 878A., Burdich, *Suger von Saint Denis*, p. 122.

（41）adm 224, 1006–1023; Vnde, cum ex dilectione decoris domus Dei aliquando multicolor gemmarum speciositas ab exintrinsecis me curis deuocaret, sanctarum etiam diuersitatem uirtutem, de materialibus ad immaterialia transferendo honesta meditatio insistere persuaderet. uideor uidere me quasi sub aliqua extranea orbis terrarum plaga, que nec tota sit in terrarum face, nec tota in coeli puritate, demorari, ab hac etiam inferiori ad illam superorem anagogico more Deo donante posse transferri.　またこの点については拙稿も参照のこと。坂田奈々絵「サン・ドニ大修道院長シュジェールにおける anagogicus mos ――『新プラトン主義』と典礼的文脈」『中世思想研究』五五号、二〇一三年、六五～九七頁。

（42）この点については上掲の拙稿および以下を参照のこと。Dominique Poirel, Symbolice et anagogice: l'école de Saint-Victor et la naissance du style gothique, *L'abbé Suger, le manifeste gothique de Saint-Denis et la pensée victorine : colloque organisé à la Fondation Singer-Polignac, le mardi 21 novembre 2000*, edited by Dominique Poirel, (Turnhout : Brepols, 2001).

（43）Ambrosius Mediolanensis, *Hymni*, PL 16, 1411.; Æterna Christi munera / Et Martyrum victorias / Laudes ferentes debitas / Lætis canamus mentibus. / Ecclesiarum principes, / Belli triumphales duces, / Cælestis aulæ milites / Et vera mundi lumina...

（44）Bede Veneralibus, *HYMNUS IX. De apostolis Petro et Paulo*, PL 94 0628C. ; Iesu, fave precantibus, / Bariona Simon Petrus, / Et Doctor almus gentium, / Festiva saeclis gaudia. / Suo dicarunt sanguine... Sic principes Ecclesiae, / Sic vera mundi lumina, / Mortis triumpho nobili / Sumpsere palmam gloriae....

(45) Edward B. Foley, *The First Ordinary, The first Ordinary of the Royal Abbey of St.-Denis in France : Paris, Bibliothèque Mazarine 526*, (Fribourg, Switzerland : University Press, 1990), passim. Bibliothèque Mazarine 526は一二三四年から一二三六年ごろのものと推測されるが、年代についてはさらに遡りうる。ここで「Exultet celum」は使徒達の祝日で用いられている。

(46) Exultet celum laudibus / Resultet terra gaudiis / Apostolorum gloriam / Sacra canant solemnia / Vos secli iusti iudices / Et vera mundi lumina / Votis precamur cordium / Audite preces supplicum... cf. Inge B. Milfull, *The hymns of the Anglo-Saxon church : a study and edition of the 'Durham Hymnal'* (Cambridge ; New York : Cambridge University Press, 1996) p. 368.

(47) Linscheid-Burdich, „Beobachtungen zu Sugers Versinschriften," p. 121.

(48) ord 24, 110-114, 27, 135-144. ここではリュエイユ村からの収益を、七基の燭台の燈明を常に保つことに宛てたことが挙げられている。この灯火はシュジェールの時代にすでに途絶えていたが、これを復興させたという記録がある。

(49) シュジェールは「定め書」にて、王の修道院の寄進について説明する際に、王は教会を「全ての良いおこないの積み重ねに加えて、主の受難のしるし、つまり主の釘と冠、聖老シメオンの腕によって、あたかも真の太陽の煌めきが極めて明るく輝くように、いとも名高く飾り立てたのだ」(ord 30, 155-159) と説く。ここで聖遺物は「輝き」というメタファーをもって語られている。

(50) adm 224, 1006-1023.

(51) cons 97-98, 605-622.

(52) eg. cons 1, 1-5., 5, 35., adm 239, 1062. 特に『統治記』では、高価なものを典礼に際して用いることの説明として、イエスの受肉に言及している。

(53) Burdich, Beobachtungen zu Sugers, p. 124.

(54) cons 61-66, 204.

(55) cons 49, 295-302.

（56）cf. Friedrich Oswald, „In medio ecclesiae. Die Deutung der literarischen Zeugnisse im Lichte archäologischer Funde," *Frühmittelalterliche Studien*, 3 (1969), 313–326.

（57）cons 57, 346–347. : ...fundabatur exultationi uniuerse terre, mons Syon latera aquilonis ciuitas regis magni....

（58）cons 57, 347–348. : ...cuius in medio Deus non commouebitur....

（59）cons 57, 348–349. : ...sed peccatorum incitamentis commotus odorifero penitentium holocausto placari et propiciari non dedignabitur....

（60）cf. Panofsky, *Abbot Suger*, p. 214. またエルサレムとゴシックの結びつけについては以下に詳しい。ゼーデルマイヤ『大聖堂の生成』132–207: 木俣『ゴシックの視覚宇宙』126–159 : Laurence Hull Stookey, "The Gothic Cathedral as the Heavenly Jerusalem: Liturgical and Theological Sources," *Gesta* 8-1 (1969), pp. 35–41. 特にシュジェールの改築作業における「天上のエルサレム」に対する意識については以下において詳細な分析がなされている。徳永祐樹「十三世紀のサン・ドニ修道院付属聖堂改築――トランセプトにおける「天上のエルサレム」の参照」『美術史』六八(1)号、二〇一八年、一三八〜一五二頁。

（61）シュジェールの祭儀を旧約の祭儀に並列させる傾向については、anagogicus について扱う文脈においても登場する。ここでシュジェールはよりふさわしい祭具のあり方として、「牡山羊の血や子牛、赤毛の牡牛の血」を集めるために金の諸々の祭具が用いられたとするならば、キリストの御血のためにはそれ以上のものが必要である、というレトリックを用いている。（cf. adm 232, 1043–1048.）

（62）adm 164, 723–725.: qui inimicum est et finis, id est Α et Ω, alpha et o, bono initio bonum finem saluo medio concopularet....

（63）Andreas Speer, "Art as Liturgy. Abbot Suger of Saint-Denis and the Question of Medieval Aesthetics", in *Roma, magistra mundi. Itineraria culturae mediaevalis*, ed. Jacqueline Hamesse,（Louvain-la-Neuve : Fédération International de Instituts d'Études Médiévales, 1998）, p. 870.

（64）Erigena, Expositiones super Ierarchiam caelestem, PL 122, 129B.

キリストの光とかたち

――教父たちの「受肉の文法」とエックハルトの「離脱」――

阿部　善彦

はじめに――キリストの光、キリストのかたち(1)

キリスト教の救済理解において、光とかたちは、決定的な意味を持っている。ヨハネ福音書にある通り、光はキリスト自身であり、光はキリストがこの世に自らを現す、その顕現のかたちである。「言のうちに生命があった。生命は人間を照らす光であった」(ヨハ一・四)、「イエスは再び言われた。『わたしは世の光である。わたしに従う者は暗闇の中を歩かず、いのちの光をもつ』」(ヨハ八・一二、以下聖書の引用は新共同訳によるが一部変更あり)。

このように、キリストは光として現れ、光はキリストのかたちである。そして、キリストによる救いは、この「いのちの光」をあまねく人々のうちにもたらし、人々がこの光に照らされ、光を身に浴び、この光を受けて光り輝くものとなることである。「その光は、まことの光で、世に来てすべての人を照らすのである」(ヨハ一・九)。

わたしたちはキリストのかたちにあやかって光の子となる。光であるキリスト、そのキリストの光によって、光の子として同じすがたになって歩み行くことは、キリストに結ばれて、キリストによる救いにあずかることである。「光の子となるために、光のあるうちに、光を信じなさい」(ヨハ一二・三六)。「あなたがたは、以前には暗闇でしたが、今は主に結ばれて、光となっています。光の子として歩みなさい」（エフェ五・八）。

光は真理であり生命であり愛である。それは、抽象的な概念の交換においてそうであるのではなく、歴史的、具体的にこの身においてこの世に生きたキリストにおいて、そうなのである。「わたしは道であり、真理であり、生命である。わたしを通らなければ、だれも父のもとに行くことができない」（ヨハ一四・六）。「わたしは復活であり、生命である。わたしを信じる者は、死んでも生きる」（ヨハ一一・二五）。「わたしがあなたがたを愛したように、あなたがたも互いに愛し合いなさい」（ヨハ一三・三四）。「神がわたしたちを愛して、わたしたちの罪を償ういけにえとして御子をお遣わしになりました。ここに愛があります」（一ヨハ四・一〇）。

光とかたちについてさらに述べるならば、キリストが光であり、キリストにおいて光がキリストのかたちであることは、タボル山変容において明らかである。このこともまた、歴史的、具体的にこの身においてこの世に生きたキリストにおいて、そうなのである。

一　教父たちの「受肉の文法」に耳を傾ける——グレゴリオス・パラマスの言葉

この点について、教父たちの生きた証言を一四世紀のビザンツ神学者グレゴリオス・パラマスの著作の中に見いだすことができる。ここで教父たちの言葉にしばし耳を傾けることにしたい。そのために、まず、最近公刊された大森正樹の優れた訳業からいくつかの言葉を紹介したい(2)。

キリストはたんに未来永劫このようにあるのみならず、山に登る前にもこうであったのである。神的な事柄についての知者であるダマスコス〔のヨアンネス〕の言うことを聞いてみよう。「キリストは変容するが、それは前になかったものを受けとるとか、前になかったものに変わるとかいうのではなく、彼自身の弟子たちに、そうであったものが示されたのであり、彼らの目を開き、見えない状態から見えるものになさったのである。というのは彼はそれ以前とおなじ状態にとどまっているが、弟子たちにはその現れた姿で見えたのである。なぜならキリストは真の光であり、栄光の華麗さだからである」（ダマスコスのヨアンネス『変容についての講話』一、一二―一三、PG 96, 567c–565a）。このことを偉大なバシレイオスも次のように説明している。「神の力は」と彼は言う、「ガラスの表面を通して、つまりわれわれの身体をとった主の肉体を通して、光のように輝きわたり、清められた心の目をもった者に輝いたのである」（出典箇所不明）。しかし教会の年間の賛歌、「肉のもとに隠されたものが今露わにされ、原初の、光を超える美は、今覆いが取り払われた」（八月六日、晩課の第三スティヒラ参照）ということは、キリストがかつてはじめにそうあったということ以外の何を提示しているだろうか。われわれの厚みをもつ身体的要素の変容、またそれによって生じる神の働きと神的な変容とは何であるか。実にそれを受けると同時に、そのはじめにすでにそれは成就していたのではないか。それゆえかの人は以前もそのようであったが、使徒の目にはそのとき神の力が賦与され、彼らがそれを見上げ、見ることができるようにしたのである。かの光は幻影ではない、なぜならそれは永遠に存在するであろうし、初めから存在していたからである。（第三部第一論攷一五、三九五―三九六頁）

偉大なマカリオスは知者シメオンを舌として使って、いやむしろ真理をはっきり宣明するために二つの舌を用いたが、次のように言っている。「人間本性のもつ厚みを主が身に纏われたとき、モーセのように顔のみならず、身体全体も栄光に満たされ、天のいと大いなるものの右に座っていた［ヘブ八・一］」（偽マカリオス［実際はシメオン・メタフラステース］『忍耐について』四、PG 34, 868cd）。したがってキリストは変わることのないこの光をもっており、いやむしろいつももっていたし、いつももっており、彼のもとにそれをいつももっているであろう。もしこの光があったし、あり、そしてあるであろうということなら、山の上で主が輝いたこの光は幻影ではなかったし、またそれ自身のヒュポスタシスがないただの象徴でもないのである。（第三部第一論攷一六、三九七―三九八頁）

ここで、教父たちの「受肉の文法」とでも呼べるような、キリストが光であり、キリストにおいて光がキリストのかたちであることをめぐる教父たちの語りの特徴を強調しておきたい。

われわれはいかにして光であり、光を自らのかたちとして現れるキリストに出会うのか。タボル山変容はまさにこの問題に関わっている。そこで現れた光はキリストそのものである。しかも「人間本性のもつ厚み」を身に纏った受肉のキリストである。典礼の賛歌に美しく歌われるように「肉のもとに隠されたものが今露わにされ、原初の、光を超える美は、今覆いが取り払われた」（八月六日、晩課の第三スティヒラ参照）という、その光は真の人間であり、真の神であるキリストにおいて現れた光であり、その現れ方は、キリストが真の人間であり、真の神であること、つまり、キリストの位格（ヒュポスタシス・ペルソナ）における完全な神性と人性という受肉の神秘の顕現なのである。

パラマス自身の語り方によれば「山の上で主が輝いたこの光は幻影ではなかったし、またそれ自身のヒュポスタシスがないただの象徴でもない」。つまり、この光の顕現に立ち会うということは、まさに位格的現実におけるキリスト自身に相見えることにほかならないのである。

二　アウグスティヌス『告白』における光の体験と受肉の語り方

ところで、アウグスティヌスは『告白』第七巻で「はじめに言があった」から始まるヨハネ福音書の第一章のうち一節から六節までがプラトン派の書物に見出される、ということを述べている。[3]

その書物の中に、同じ言葉ではありませんでしたが、内容的にはまったく同じことが、たくさんの、様々な論拠によって、得心のゆくように述べられているのを読みました。すなわち、「はじめに言があった。言は神のもとにあった。言は神であった。これははじめに神のもとにあった。万物は言によって創られた。言によらずには何ものも創られなかった。創られたものは、言において生命であった。生命は人々の光であった。光は闇のうちを照らす。しかし闇は光を捉えることができなかった」。また、「人間の魂は光について証をするが、それ自身が光であるわけではなくて、神そのものなる言こそはまことの光であり、それはこの世に来るすべての人間を照らす。また、言はこの世に存在したし、世は言によって創られたのに、世はそれを知らなかった」。これらのことをわたしはその書物のうちに読みました。（第七巻第九章一三節、三四—三六頁）

ここでヨハネ福音書の中でも、光が強調される箇所にかんして、プラトン派の「書物」の記述と一致すると指摘されている。『告白』の文脈の中で、上記引用箇所は、アウグスティヌスがマニ教の誤謬から回復しつつある、その途上に位置づけられる。

マニ教においても光は救済原理として重視され、イエスは魂を闇から救い出すために光の原理からつかわされた「光の子」とされる。[4] プラトン派の書物との出会いは、それまでアウグスティヌスが九年間信奉し続けたマニ教からの解放の脈絡の中に位置づけられており、実際、その後で光を見る体験の記述が続く。

そこでわたしは、それらの書物から自分自身にたちかえるようにとすすめられ、あなたにみちびかれながら、心の内奥にはいってゆきました。わたしはそこにはいってゆき、何かしら魂の目のようなものによって、まさにその魂の目を超えたところ、すなわち精神を超えたところに不変の光を見ました。（第七巻第一〇章一六節、四二頁）

しかしアウグスティヌスはその光の体験において光そのものによって弾き飛ばされてしまう。その弾き飛ばされたことを回顧して次のように述べている。

はじめてあなたを知ったとき、あなたはわたしをひきよせて、見るべきものがある、だがそれを見うるだけのものにまだわたしはなっていない、ということをお示しになりました。そして激しい光線をあてて弱いわたしの視力を突き放されたので、わたしは愛と恐れにわななきました。そしてあなたからはるかにへだたり、似ても似つかぬ境地にいる自分に気づきました。（同、四三頁）

アウグスティヌスはなぜ光の体験において、光そのものによって、光から放擲されてしまったのか。アウグスティヌスは「あなたからはるかにへだたり、似ても似つかぬ境地にいる自分に気づきました inueni longe me esse a te in regione dissimilitudinis」と述べている。この「似ても似つかぬ境地 regio dissimilitudinis」とはいかなることか。上記引用箇所の直後に続く言葉を見ておきたい。

そのときはるかに高いところから「わたしは大人の食物だ。成長してわたしを食べられるようになれ。食べるといっても、肉体の食物のように、おまえがわたしを自分の身体に変えるのではない。逆に、おまえがわたしに変わるのだ」という御声を聞いたように思いました。（同、四三―四四頁）

この箇所について、加藤信朗は『アウグスティヌス『告白録』講義』（知泉書館、二〇〇六年）の中で、それまでの光の体験が視覚的に語られていたところが、光から引き離されるや、突如、「はるかに高いところから」の「声」として聴覚的に一転することを指摘するとともに、その声が語りかけることが、「神化［theosis］」に関わることであると指摘する（同書、一八〇―一八一頁）。キリスト教における「神化」理解は、キリストの受肉による救済と表裏一体である。神が人間へと自らを完全に引き渡す受肉によって、はじめて、人間が神の生命によって生きる者となるのであり、神から生まれた神の子イエス・キリストにあやかって同じすがたへ変容することによって、人間もまた神から生まれ、神の生命によって生きる子とされるのである。

「はるかに高いところから」から響く声は、自らを「食物」であると言う。その食物は、自ら進んで人間の生命を養うために、食物と呼ばれるものが基本的にそうであるように、人間のものとなるために自らを与える。しかし、そのことによって、かえって、人間を神の生命によって生きる者へと変容させるのである。

人間のために打ち砕かれる食物は、まさにそのことによって、人間を神的生命の高みへと引き上げる。このことにおいて、食物となるということはまさしく受肉による救いを表しているのである。しかし、そのようにして、食物として受肉の恵みを受けとることによって「おまえがわたしに変わるのだ」と述べられる、その変容のときには、今度は、「おまえ」と呼ばれる人間のそれまでの自己性が打ち砕かれることも見逃されてはならない。そしてこのことが『告白』の中で強調されるのである。アウグスティヌスは、プラトン派の書物を読んだ経験を語る直前に次のように述べている。

わたしの傲慢は、あなたのかくれた癒しの御手にかかって、しだいにひいてゆき、混濁し昏まされていた精神の視力は、救いのための痛みをともなう強烈な目薬のおかげで日ましに癒されてゆきました。（第七巻第八章一二節、二三二―二三三頁）

このあとに続いて次のように述べられる。

そこであなたは、まずはじめに、たかぶる者をしりぞけたもうが、遜る者に対して大きな恵みを与えられるということ、言が肉となり人々のあいだに宿たもうて謙遜の道を明示されたのは、じつに大きなあわれみによることであったということを示そうと思し召され、おそるべき傲慢にふくれあがっていたある人を通じて、ギリシア語からラテン語訳されたプラトン派のある書物を、わたしのために配慮してくださいました。（第七巻第九章第一三節、二三四頁）

プラトン派の書物は、たしかに、マニ教から離れつつあったアウグスティヌスを、さらに叡智的光の世界へと誘い、それによって、キリスト教への本質的な回心の兆しをもたらした。「混濁し昏まされていた精神の視力」や「救いのための痛みをともなう強烈な目薬」という言葉は、その後に続くヨハネ福音書における「光」についての理解の深まりや、そうした「光」の視覚的体験によって、確実に、「あなたのかくれた癒しの御手にかかって ex occulta manu medicinae tuae」癒されてゆく状況を示している。

三　受肉のキリストなしの光の体験の途上性——「無力な神性 infirma divinitas」

だが、その一方で、先に見たように、その光の体験は完全な癒しや回心ではなく、その途上的なものであって、そこには「救いのための痛み」とも呼ぶべき、拒絶もしくは挫折のはげしい苦味がある（実際、全一三巻の『告白』でいうと第七巻はちょうど真ん中にあたる）。そこでは「あなた」から遠く離れて「似ても似つかぬ境地 regio dissimilitudinis」にいる「わたし」が見出されるのである。

この「似ても似つかぬ境地」とは、もともとは、プラトンの『ポリティコス』（273d）そしてプロティノスの『エネアデス』（I. 8. 13）にさかのぼる表現である。[5] しかし、この非類似性は、魂が地上的・感性的世界の中に落ち込んでいるというプラトン的な意味ではなく、むしろ、自らをむなしくして地上的・感性的世界のうちに生きる人間へと自らを与えたキリストとの非類似性である。であるからこそ、その直後で、「はるかに高いところから」響く声は、人間のために打ち砕かれた食物によって、「おまえがわたしに変わるのだ」と変容を迫るのである。

ところが、アウグスティヌスは、このとき、受肉による救済を理解することができなかった。言いかえれば、アウグスティヌスが見た光は、先に見たテキストでパラマス自身と彼によって引用された教父たちの言葉が、こぞって語っていたような、受肉のキリストから発せられる光とはなっていなかったのである。

「『言が肉となりたもうた』ことが、なんと深い意味を含んでいるかということは、思いみることもできませんでした」（第七巻第一九章二五節、六〇頁）とアウグスティヌスは回顧する。それゆえ、どれほどその食物を味わおうとしても「弱さのためにうちしりぞけられていつもの状態につきもどされ、いま一瞥したものに対するなつかしい想い出と、香りをかいだだけで食べることのできなかったものへのやるせない思いだけが、わたしのもとに残ったのでした」（第七巻第一七章二三節、五八頁）。そして、続けてアウグスティヌスは次のように述べている。

そこでわたしは、あなたを味わいうるだけの力を身につけようと道を探しましたが、神と人との仲介者である人間イエス・キリストをいだくまでは、ついに見出すことができなかった。…中略…キリストはまた、わたしが弱さのゆえにとることのできなかった食物に肉をまぜてくださいましたが――言は肉となりたもうたのですから――、それは、あなたが万物をそれによってお創りなった知恵が、幼いわたしたちの乳となるためでした。じっさいわたしは、わが神である謙遜なイエスを謙遜な態度をもってとらえておらず、イエスの無力さ（一コリ一・二五）が教えているものを悟りませんでした。まことに、永遠の真理である言は、あなたの被造物の上位の部分よりもはるかにすぐれていて、ご自分に服する者たちをご自分の高さにまで高められますが、ご自分の下位の部分のうちに、わたしたちと同じ土から（創二・七）賤しい家をご自分のためにお建てになったのです。それは、いつかご自分に服するであろう人々の傲慢を癒し、愛をはぐくみながら、彼らをたかぶりの座から引き下ろし、ご自分のもとに引き寄せて、もうそれ以上彼らが自負心を増長させることなく、かえって足もとに、わたしたちと同じ皮衣（創三・二一）をまとった無力な神性を見て、無力にされ、力を失った者として、その方のうちへと打ち倒され、そのかわりに無力な神性が立ち上がって、彼らを起こしたもうためでした。（第七巻第一八章二四節、五八―五九頁）

上記引用では「肉となりたもうた」キリストの「謙遜 humilitas」「無力さ infirmitas」が強調され、それについて無理解であったことが「イエスの無力さが教えているものを悟りませんでした」と述べられている。加えて、肉となったキリストと相見える、そのあり方についても述べられている。それは謙遜のゆえに「自分たちの足もと ante pedes suos」に身を低くしている「わたしたちと同じ皮衣をまとった無力な神性を infirmam divinitatem ex particione tunicae pelliciae nostrae」見て、自分自身が「無力にされ infirmarentur」、「力を失った者として、その方のうちへと打ち倒される lassi prosternerentur in illam」ようになることによってであり、そのかわりに無力な神性が「立ち上がって、彼らを起こす surgens levaret eos」ようになることによってである。

「わたしたちと同じ皮衣」とは創世記第三章で楽園から追放された人祖アダムとエヴァの身体を神が包んだ皮衣であり、それは人間のもう一つの身体として人間本性とほとんど一体化した、神による救いを必要とする人間の罪や可死性を意味している。「わたしたちと同じ土から de limo nostro」（創二・七）ということもただ人間の物体・質料的条件のことではなく、人間存在そのものの弱さ、はかなさを意味しているのである。

四　受肉のキリストに出会うとは――「ひとつの相貌 una facies」としての現れ

しかし、アウグスティヌスはこのことをプラトン派の書物によって学ぶことはなかった。先の引用にあるように「足もとに、わたしたちと同じ皮衣をまとった無力な神性を見て、無力にされ、力を失った者として、その方のうちへと打ち倒され」るということが、必要だったのである。その無力さに打ち倒される体験は、人間のかたちをとった「無力な神性」に相見えることで、はじめておのれの人間的な無力さに完全に徹するに至り、その無力さのきわまるところで、啐啄同時的に、その「無力な神性」という受肉の恵みによって再び起こされるという絶対他力的瞬間の体験である。

アウグスティヌスは『告白』第七巻でプラトン派の書物を通じて神を理解し近づこうとしたことを振り返って

「わたしの傲慢」を随所で強調している。それはおのれの「無力さ」を忘れ、自らの知的・精神的諸力を頼みにして神に近づき、救いを得ようとしたむなしい努力に向けられている。それは、今となっては神の計らいを信頼するアウグスティヌスの回顧的な視点から語り直せば「救いのための痛みをともなう強烈な目薬」という苦しみを伴う癒しの途上でのことだったのである。では、その道行きはどこへと至るのか。

続く『告白』第八巻でアウグスティヌスはパウロ書簡と格闘しながら、ついに決定的な回心が定まる。そして第九巻に至ってアウグスティヌスは母モニカとともに、二人で熱心に求めつつ「そこにおいては生命は知恵である ibi vita sapientia est」という神的生命即神的知恵の高みに引き上げられ、しかも二人は「知恵について語り、あえぎ求めながら、全心の力をこの一挙にこめて、ほんの一瞬それに触れ」ただけでなく、今度ははじき返されることなく、むしろ「そこに『霊の初穂 primitias spiritus』〔ロマ八・二三〕を結わえのこして」この世界に戻ってくるのである（第九巻第一〇章二四節、一九三―一九四頁）。

このオスティアのヴィジョンとも呼ばれる第九巻での母モニカとともに体験した見神と、第七巻ではじきとばされ「似ても似つかぬ境地 regio dissimilitudinis」にいるひとりみじめな「わたし」を見出した苦い光の体験の間にあるものは何であろうか。アウグスティヌスはプラトン派の書物に導かれた光の体験について「ただちに突き放され、わたしの魂の諸々の闇によって、まだながめることの許されていない何ものかがあることを感じました」と述べている（第七巻第二〇章二六節、六四頁）。

「わたしの魂の諸々の闇 tenebrae animae meae」とは受肉のキリストとの出会いを妨げ、それゆえに受肉による救いの理解を妨げるものであり、「神性の無力さ」によっていまだ打ち砕かれていない、自らの力を頼みとする高ぶった自己である。そこから脱却するためにパウロ書簡の言葉が必要であった。アウグスティヌスは第七巻の最後で次のように述べている。

それからわたしは、あなたの霊によって記された尊い書物をとって、これをむさぼるように読みはじめました。とりわけ使徒パウロの書を。すると、かつて矛盾撞着し、律法や預言者の証言に適合しないように見えた彼の教えの文脈上の疑問は氷解し、そのきよらかな言葉はひとつの相貌のもとに現れてきましたので、わたしはおののきながら、喜ぶことを知りました。（第七巻二一章二七節、六七頁）

パウロ書簡からアウグスティヌスが学びはじめたものは何であったのか。それはプラトン派の書物に記されていない事柄であり、それについては次のように述べていた。

「ご自身をむなしくされ、しもべのかたちをとり、人間と同じすがたに造られ、人間としての有り様で見出され、自らを低めて死に至るまで、しかも十字架の死に至るまで従いたもうた。それゆえ神は死者のうちから高くあげて、すべての名に勝る名を彼に与えた。それはイエスの御名のもとに、天上、地上、地下のすべてのものがひざまずき、すべての舌が褒め讃えて、主イエスは父なる神の栄光のうちにあるというためである」（フィリ二・七―九）。このようなことは、この書物の中には見当たりませんでした。…中略…「御子は時がきて、不信の者のため死にたもうた。あなたはそのひとり子の生命を惜しまず、わたしたちすべてのために死にわたしたもうた」（ロマ五・六／八・三二）ということ、これはその書物の中に見当たりませんでした。まことにあなたは、これらのことを知者に隠し、かえって小さい者たちにあらわしてくださったのです（マタ一一・二五）。…中略…これに反し、いわゆる高尚な学問の長靴を履いて威張っている連中は「わたしからその柔和と心においで謙遜であることを学べ。そうすれば心のうちに平安を見出すであろう」（マタ一一・二九）と言われるあの方の言葉に耳を傾けません。彼らは、神を知りながら、これに神としての栄光を帰することなく、感謝もせず、くだらぬ思いにふけり、彼らのおろかな心は暗く曇らされ、自ら知者と言いながら愚者となってしまうのです。

（第七巻第九章一四節、三六―三九頁）

「彼らのおろかな心は暗く曇らされ obscuratur insipiens cor eorum」とあるが、こうしたプラトン派に向けられた言葉は、その思想に心酔したアウグスティヌスのうちにある「わたしの魂の諸々の闇 tenebrae animae meae」につながるものであり、この暗夜は、「わたしからその柔和と心において謙遜であることを学べ。そうすれば心のうちに平安を見出すであろう」（マタ一一・二九）という言葉にあるように、キリストの「謙遜の道 via humilitatis」（先に引用した第七巻第九章第一三節、プラトン派の書物との出会いが語られるところで言及される）にどこまでも聴従してゆくことで過ぎ越されるのである。

五　キリストの光とかたちについて、エックハルトを中心に語ることとは

パラマスそしてアウグスティヌスの引用を手がかりにしながら、ようやくにして、エックハルトの思想へと接近して行きたい。エックハルトについて語るには、われわれはだいぶ教父たちの言葉に寄り道をしたように見える。しかしエックハルトを本当の意味で中心において語るためには、エックハルトの思想の中心となるものを外すことはできない。そして、エックハルトの中心をなすものが、聖書そして聖書にもとづいて教父たちが語り継いだ受肉思想なのである。その意味においては、われわれは、すでにエックハルトを中心にながなが と語ってきたといっても過言ではないのである。

しかしながら、エックハルトの思想は、教父的中心軸からではなく、しばしば新プラトン主義的なものとして評価されてしまう。であるからこそ、こうした回り道もあえてする必要もある。もちろん、そうした見方は決して間違いではない。実際、新プラトン主義的著作である『原因論 *Liber de causis*』から多くの洞察を得ているし、またエックハルトに近い同時期のドイツのドミニコ会神学者、モースブルクのベルトールトが、プロクロスの『神学綱要』の注解を行なっていることからも、当時におけるその影響の大きさは明らかであって、キリスト教神学の中に積極的に受容されたことは間違いない。

とはいえ、例えば、エックハルトの「離脱 abegescheidenheit」の思想を、感覚的・表象的・概念的な対象の一切を脱却して行き、一者とノエティックに合一すること、というようにまとめ、それをもって、新プラトン主義的な超越的一者との合一と同形であると見るのは暴挙と言わざるを得ない。というのも、アウグスティヌスが身をもって証ししたように、たとえ、新プラトン主義的な上昇の道行きが、物質的・地上的世界に対する断固とした決別と向上心によるものであるとしても、それは、言であり光であるキリスト自身が降下して肉となって、その身を物質的・地上的世界に自らを明け渡し、そのことによって自らの神的生命を人間に与え、神の高みへと引き上げることをもってする上昇ではないからである[6]。

この点において、心身二元論的な対立や分裂を前提とする、グノーシス主義、新プラトン主義の救済観や人間観と、キリスト教は一線を画する。救われるのは、精神でも魂でもない。精神と魂、そして、身体を備えた、この人間である。そのために、キリスト教は、神が人となったという「受肉」による救いを中心におく。つまり、イエス・キリストが与えられたのである。救いは、光自身が、この世の光となって、自らをわれわれに与え、その与えられたことによって、われわれが、光の子にあやかって光のうちに歩むということによるのである。

またパウロは「成熟した人間」について述べている。「ついには、わたしたちは皆、神の子の信仰と知識において、一つのものとなり、成熟した人間になり、キリストの満ちあふれる豊かさになるまで成長するのです」(エフェ四・一三)。「成熟した人間」は「新しい人間」である。「神にかたどって造られた新しい人間を身につける」(エフェ四・二四)のである。「神にかたどって造られた新しい人間を身につける」とはキリストの受肉の生命を生きる者となることである。パウロの別の言葉を求めるなら、それは「イエス・キリストを身につけること」(ロマ一三・一四)である。それはキリストのかたち、つまり死と復活にあやかることであり、これがエックハルトによれば「根底的な死」であり「離脱」である。このことを見ておこう。

ちなみに、「離脱」とは「放念 gelâzenheit」と同様に、エックハルトによって造語された言葉で、その影響下にあるゾイゼやタウラーなどのいわゆるドイツ神秘思想の著作家たちによって用いられた概念語である。(7) 中世ドイツ語で「分離する、切り離す」を意味する動詞 abescheiden に由来し、その分詞・形容詞形 abegescheiden が抽象名詞化され abegescheidenheit となった。動詞 abescheiden と分詞・形容詞 abegescheiden の用例を見ると、エックハルトは霊魂論・知性論的文脈で多く使っており、同じく分離や引き離すことなどを意味するラテン語 separare/separatus、abstrahere/abstractus に対応する語として用いていることが分かる。

具体的には、アリストテレスの『霊魂論 *De anima*』(III, 429a18-20)でのアナクサゴラスへの言及と関連して、知性が、空間と時間に限定されず、有限的存在者と共通性をもたず、混合されず、離在的であることを示すために用いられている。こうした用例から、離脱は、知性の性質を示す語に由来し、アリストテレス―アナクサゴラス的な知性論を通じて示される、非限定性、非質料性、一性、純粋性、離在性などを含意する語であって、知性理解と深く結びつけられていることが分かる。

こうしたことから、感覚的・表象的・概念的な対象の一切を脱却して行き、一者とノエティックに合一すること、と「離脱」を理解し、それをもって、新プラトン主義的な超越的一者との合一と同形であるという見方も出てくる。

またエックハルト自身も「ドイツ語説教五三」の中で「私が説教するときには、人が自ら自身と一切事物にとらわれないものとなるために、離脱について語ることをこころがけている」(Pr. 53, DW II, p. 528)とも述べている。[8]

しかし離脱は自然能力の自力・努力によって可能な倫理的徳ではなく恩寵によって可能となる徳である。これについてはエックハルトのドイツ語著作『離脱について *Von abegescheidenheit*』に詳しい。[9] そこで離脱は「人間を、最高度に、最も近く神に結びつける」「最高にして最善の徳 diu hoehste und diu beste tugent」として探求される(DW V, pp. 400-401)。

離脱は徳であり、たしかに知性に見られるような、被造物との関係にとらわれない自由が実現する(DW V, p. 401)。その点において、たしかに、ストア派におけるアパテイア(不受動心)に比せられて理解されることもある。[10] 実際『離脱について』においては「異教の師たち」の見解は排除されておらず(DW V, p. 400)、「不動の離脱」という語り方によって外的・時間的・被造的連関からの自由が語られている(DW V, p. 413-414)。

だが、離脱は第一義的には「神の離脱」であり、神の本性において実現しているものであり、人間は、今ここにある生にありながら、恩寵を通じて同じ離脱に与る者となる(DW V, p. 413)。神は恩寵によって神の離脱との相等性 glîcheit を生きる人間に、つまり同じ離脱にあやかって生きる人間に神自身を与える(DW V, p. 412)。したがって離脱は「人間を、最高度に、最も近く神に結びつけ、本性によって神であるものを、恩寵によって、人間にもたらすことができる」徳であり、また「離脱した精神に、神は神自身以外のいかなるものも与えることはできない」とされる(DW V, p. 411)。この意味で「離脱は神を強いて私に来たらせる」とも述べられる(DW V, p. 403)。

つまり徳としての離脱の意義は、一切からの解放に尽きるのではなく神が自らを人間に与えることにこそある。神が究極的に自らを人間に与えるのは御言葉の受肉においてであって、それゆえに離脱は今この身において生きる人間に成就するものであるのだから、受肉のキリストのかたちなしに離脱は語られない。

実際「聖パウロが『私は生きている。しかし私が生きているのではない。私の内にキリストが生きているのである』〔ガラ二・二〇参照〕と述べたとき彼が意図していたのは」完全な離脱を生きる人間であるとされ（DW V, p. 411）、また、離脱の模範となるのは言の受肉そのものであるキリスト、そして言の受肉による救いに最初に与った人間、母マリアなのである（DW V, p. 419）。

ゲッセマニのキリスト、彼の十字架のもとにあるマリアは感覚にしたがう「外的人間」が苦悩の究極にあっても「内的人間」はゆるぎなく神の意志に従う「不動の離脱」を生きたとされる（DW V, p. 419）。離脱のうちに生きることとは「外的人間」「内的人間」という条件を抱えた今この身において生きる人間が、受肉による救いに与りつつ、自ら自身をあけわたす神のケノーシス（自己無化）に倣って、自らを神にゆだねて、神の与える神的生命を生きることである（DW V, p. 408-409）。

それは「『イエス・キリストを身にまといなさい』〔ロマ一三・一四参照〕と言った時に聖パウロが意図していた」ことであり「キリストとの同形性 einförmicheit mit Kristó」に即して実現するとされる（DW V, p. 430）。キリストとの同形性は外形的姿の模倣によるのではなく、キリストの派遣する聖霊（ヨハ一六・七参照）により、言の受肉がもたらす神的生命に生かされて生きることである（DW V, p. 431）。

この意味において「離脱」はこの身においてキリストのかたちを生きることであり、言であり光であるキリストがこの身において輝きおどり出る受肉即誕生の救済的永遠の瞬間（今・現在）を現実として生き切ることである。これがつまり「離脱」と相即的に語られるエックハルトのもう一つの中心思想「魂における神の誕生 Die Gottesgeburt in der Seele」であり、ともに教父たちが語り継いだ言の受肉による人間の救いを新たに語り継ぐものである[11]。

おわりに――キリストの光、キリストのかたちの多様性

以上、キリストの光とかたちの問題を、エックハルトを中心に即して、つまりは、エックハルトを中心にした時の中心軸となるところの、教父的伝統の中心に即して、とりわけ、それを「受肉の文法」というような、ある受肉の語り方に目を向けつつ論じようと試みてきた。そして、ひとまず、エックハルトの中心思想とされる「離脱」や「魂における神の誕生」を、そうした中心軸に即して述べるところまでたどり着いた。

紙幅の都合で論じ尽くしえない点は数多くあるが、最後に、次のことを考えておきたい。アウグスティヌスは『告白』で「キリストのうちに完全な人間をみとめました。たんなる人間の身体だけでなく、精神のぬけた身体と魂だけでもなく、まさに人間そのものをみとめたのです」(第七巻第一九章二五節、六二頁)と述べているが、キリストの光とかたちは、受肉なしには十分に理解されない。むしろ、受肉を通じてこそ、理解可能となる。

この点はパラマスのテキストに示されるような東方・ギリシア・ビザンツ教父の言葉においても、アウグスティヌスのような西方ラテン教父の言葉においても共通しているように見える。しかし、前者においては、タボル山での変容という人間の神性への上昇面が、後者においては謙遜や無力さという神性の人間への下降面が、受肉による救済の意義と栄光を輝かせるものとして強調されていたようにも見える。こうした教父的伝統の豊かさとも言える多様性をどのように理解すべきか。

その際に、エックハルトが『ヨハネ福音書註解』で偽ディオニュシオス・アレオパギテスを引用しながら光について論じている次の言葉が手がかりになるように思われる[12]。

第八に「光は闇の中で輝いている」(ヨハ一・五)。注目すべきことは、光の本性からして透明のものは、けっ

して見られることはない。それに何か暗いもの、例えば瀝青とか鉛とかそれに類するものが付加されないかぎり、光り輝き現れ出ることはないということである。しかし「神は光であり、いかなる闇も神のうちには存在しない」（一ヨハ一・五）。それゆえに、これがここで言われる「光が闇の中で輝いている」すなわち何か暗いもの、すなわち無なるものを付加されたものとして持っている被造物の中で、ということである。そしてこのことがディオニシウスが次のように言っていることである。「神の光は、多様なヴェールで覆われた仕方によってのみ、われわれに対して光ることができる」。（『天上位階論』第一章二節、PG. 121b）

光そのものは不可視であり、覆い・ヴェールを通して見るしかない。この箇所では、光の純粋な透明さが、こうしたパラドキシカルな不可視性として取り上げられる。光の輝きの可視性は、光自身の純粋性における透明さが「闇の中で」「すなわち何か暗いもの、すなわち無なるものを付加されたものとして持っている被造物の中で」輝くことであると理解され、そこに偽ディオニュシオスの『天上位階論』からの引用、「神の光は、多様なヴェールで覆われた仕方によってのみ、われわれに対して光ることができる」が重ねられる。

光とかたちを可視性という観点から突きつめれば、可視的なものの可視性の根拠であり、その意味で、それ自体としては可視的ではない、と考えることができる。つまり、光とかたちは、それ自体としては可視的ではなく、むしろ、あれやこれやと指し示されるものの光とかたちとなって、はじめて可視的となる。ちょうど、太陽が、ある時は、萌してくる曙光として、ある時は、高く明るく照らす陽光として、そして傾いては一切を深い紫に沈めながら、自らの光を様々に映じて、絶えず、「ヴェール」をまとってあらわれるようにである。かくして、キリストの光とかたちも「ヴェール」をまとってあらわれる。タボル山変容で純白に輝く身体も、謙遜と無力さの極致である十字架上で血みどろとなった身体も、不可視の光とかたちの「多様なヴェールで覆われた仕方」での、それに立ち会う者への一期一会的顕現である。

そうなると「近寄りがたい光の中に住まわれる方、だれひとり見たことがなく、見ることができない方です」（一テモ六・一六）という聖句とつながりながら、神の光の無限性と超卓越性をめぐってなされる偽ディオニュシオスの神秘神学の不可視性の強調にも目を向けねばならないが、いまはその余裕はない。ここでは今後の探求のために、エックハルトおよびドイツ神秘思想の系譜に連なるアンゲルス・シレジウスの言葉を参照したい。(13)

神は道を絶たれた光の中に住んでいる［一テモ六・一六］。自ら光になろうとしない者は、永遠に神を見ることはない。（第一章七二）

光は主のまとう衣である。もしあなたに光が欠けているならば、神は自身をまだあなたに現していないと知るべきである。（第二章五）

われわれは、いかにして近寄りがたい光の中に住まう「道を絶たれた」神にまみゆるのか。その際、われわれはその光の中へと歩み入るのか、それとも、引き入れられるのか。そのいずれであるにせよ、その時には、隔絶した光は、われわれを照らす光として、われわれのすがたを同じ光によって白く輝かせているはずである。しかし、隔絶した光は、いかにして、われわれを照らす光となるのか。われわれは、いかなる仕方で、同じ光によって輝く者となるのか。その光とは、かたちとは何か。その光に照らされ、同じ光り輝く者として、同じかたちにされるとはいかなることか。近寄りがたさに向って光を求めつつ、幾度も聖書と教父にたちもどって考えてゆきたい。

注

（1）本論は聖カタリナ大学で開催されたシンポジウム「中世における光とカタチ」（二〇一九年一一月一七日）のために用意した原稿に加筆修正したものである。聖カタリナ大学キリスト教研究所所長の宮武信枝教授、また同所員の袴田渉助教をはじめとしてご尽力いただいた皆様と、当日出席された（在学生を含む）すべての方に感謝を捧げたい。また本論は科研費19K00119の研究成果の一部である。

（2）グレゴリオス・パラマス『東方教会の精髄　人間神化論攷　聖なるヘシュカストたちのための弁護』大森正樹訳（知泉学術叢書二）二〇一八年、知泉書館。以下同書からの引用は箇所と頁数のみを記す（なお引用に際して一部変更がある）。

（3）以下『告白』の引用は、アウグスティヌス『告白Ⅱ』山田晶訳、中央公論社、二〇一四年による。以下同書からの引用は箇所と頁数のみを記す（なお引用に際して一部変更がある）。

（4）同書、一一、一三頁の、訳註一三、一四を参照。

（5）『告白』前掲書、四五頁、訳註七四、および、加藤信朗、前掲書、一七九頁参照。

（6）アウグスティヌスおよび新プラトン主義との関係については、最近のものとして次の研究があるので関心のある方は参照されたい。Norbert Fischer, "Von einem Berühren Gottes im Geiste: attingere aliquantum mente deum (s. 117, 5). — Augustins christliche Deutung der neuplatonischen ›Mystik‹ Plotins als Vorspiel zu Eckhart. Mit einem Blick auf Origenes und Dionysius", *Meister Eckhart als Denker* (Meister-Eckhart-Jahrbuch. Beihefte, Heft 4), ed. by Wolfgang Erb/Norbert Fischer, Stuttgart: Kohlhammer, 2018, pp. 105–134.

（7）以下、離脱の語義については次の研究を参照した。Erik A. Panzig, *Gelâzenheit und abegescheidenheit : Eine Einführung in das theologische Denken des Meister Eckhart*, Leipzig: Evangelische Verlagsanstalt, 2005.

（8）以下、エックハルトの引用は次の全集版による。*Die deutschen und lateinischen Werke*, hrsg. im Auftrage der Deutschen Forschungsgemeinschaft, Stuttgart: W. Kohlhammer, 1936 ff. 引用表記は同全集版の略記に従う。ドイツ語著作（DW）、ラテン語著作（LW）、巻数はローマ数字。ラテン語著作（以下LW）については段落番号（以下n.）で箇所を示す。

（9）『離脱について』の引用は次を参照した。『エックハルト説教集』田島照久編訳、岩波書店、一九九〇年。

（10）「離脱」とストア的なアパテイア理解との関係については次の研究を参照。Heinrich Ebeling, *Meister Eckharts Mystik. Studien zu den Geisteskämpfen um die Wende des 13. Jahrhunderts*, Stuttgart, 1941, pp. 134-135.

（11）この点については次の拙論を参照されたい。"Meister Eckhart and Late Medieval Female Spirituality: The Femininity of the Birth of God in the Soul", *Contribution of Women to Con-viviality: In/Ad Spiration to Convivials*, ed. by Hisao MIYAMOTO, Tokyo: Kyoyusha, 2019, pp. 172-197.

（12）LW II, n. 74. 引用に際しては次を参照した『エックハルト　ラテン語著作集Ⅲ　ヨハネ福音書註解』中山善樹訳、知泉書館、二〇〇八年。なお、東方キリスト教の伝統では、聖霊の体験も光の顕現として理解されている。この点は別の機会に論じたい。イヴ・コンガール『わたしは聖霊を信じる　第二巻』小高毅訳、サンパウロ、一九九五年、九九～一〇二頁参照。

（13）引用に際しては次を参照した。『シレジウス瞑想詩集　上』植田重雄・加藤智見訳、岩波書店、二〇〇五年。Angelus Silesius, *Cherubinischer Wandersmann*, ed. by Louise Gnädinger, Stuttgart: Reclam Philipp Jun. 2012.

光からカタチへ
——受肉と可視化——

鐸木　道剛

光には二つのラテン語がある。ルーメン（lumen）とルクス（lux）。その違いは、ルーメンは光そのものであって、それ自体は見えない。それに対してルクスは光がものに当たって反射して見える光である。旧約から新約への変化は、このルーメンからルクスへの変化と言える。つまり見えない父なる神から、見える子たる神（キリスト）への変化である。旧約の神については、シェーンベルク（Arnold Schönberg, 1874-1951）の最晩年の未完のオペラ『モーセとアロン』のまさに冒頭のテキストであるモーセの語る言葉をあげよう。つまり神を五つの形容詞が形容している。「唯一、永遠、偏在、不可視、表象不可能な神（Einziger, ewiger, allergegenwärtiger, unsichtbarer und unvollstellbarer Gott）」。その神があらゆる感覚の対象となったというのが新約聖書の福音であった。『ヨハネの福音書』にいう。「言は肉となって、わたしたちの間に宿られた（ὁ λόγος σὰρξ ἐγένετο, καὶ ἐσκήνωσεν ἐν ὑμῖν）」（一・一四）のであり、また『ヨハネの第一の手紙』では「初めからあったもの、わたしたちが聞いたもの、目で見たもの、よく見て手でさわったもの、すなわちいのちの言について——このいのちが現れたので、この永遠のいのちをわたしたちは見て、そのあかしをし、かつ、あなたがたに告げ知らせるのである」(一・一―二)という。

この旧約から新約への移行は、原罪から恩寵への移行、つまり現実否定から現実肯定への移行であり、見えない神の暗いロマネスクの聖堂から見える神の明るいゴシックの大聖堂への移行に現れている。ゴシックとはゼードルマイヤー(Hans Sedlmayr, 1896-1984)が、その大著『大聖堂の生成(Die Entstehung der Kathedrale)』(一九七六年、邦訳一九九五年)の中でいみじくも記しているように、「ゴシックの大聖堂では、細部に至るまで、すべてが見せるためである(Wie sehr in der Kathedrale alles von der "Schau" bestimmt ist, zeigt noch eine verhältnismäßig untergeordnete Eigenheit)」。もちろんトレルチ(Ernst Troeltsch, 1865-1923)が「プロテスタンティズムにおける現世肯定(Weltbejahung)というものは常に最も峻厳なる罪観念と確信不動の来世観とに深く根ざしている」(『ルネサンスと宗教改革』一九一三年、邦訳一九五九年)と記すように、新約は旧約を忘れてはならない。

この現実否定から現実肯定へのプロセスが見事に絵画化されている作品がある。ハンス・ホルバイン(Hans Holbein der Jüngere, 1497/98-1543)の『大使たち』(一五三三年)である。二人のフランス人の大使、向かって左は政治家ジャン・ド・ダンタヴィル、右は聖職者ジョルジュ・ド・セルヴで共に二〇代後半の若きエリートである。豪華な服装で身を飾り、コスマティ装飾の床モザイクの部屋のダマスコ織の厚いカーテンの前で、ポーズをとっている。二人の間には天球儀や地球儀を始めとして楽器や楽譜、コンパスなど当時の知的成果の最高峰が並べられている。しかし床モザイクの前にある細長いものはなんだろう。はらごの干物か? この絵の大きさは縦二〇七、横二〇九・五センチメートル。ほぼ等身大の肖像画は壁に掛けられていて、向かって右(絵の左)には扉があったはず。この部屋を訪問した客人が右の扉から出ようとした時にふと振り返って絵を見ると、そこには頭蓋骨が見えるという仕掛けである。これはアナモルフォーズという、視覚の歪みを利用した遊びでリトアニアの美術史家バルトルシャイティス(Jurgis Baltrušaitis, 1903-1988)がこのテーマだけで本を書いている(『アナモルフォーズ

（Anamorphosis）』一九五五年、邦訳、一九九二年）。つまりここに描かれた栄華は、知的なものも、物質的なものもすべて過ぎゆくもので空しいとこの頭蓋骨は暗示している。旧約聖書の『コヘレトの言葉』の冒頭の「なんという空しさ、すべては空しい（vanitas）」という現実否定である。しかしさらに絵をよく見てみると、後ろのカーテンの向かって左上の端が少し開いていて、何やら銀色に光るものが見える。銀製の十字架上のキリストの小彫刻である。これは受肉による神化（聖化）、つまり恩寵によって原罪が贖われたこと、また空しい現実の中に神の国が実現したことを示す。エジプトにおける時には肯定し時には否定する現

実の後、旧約によって意味を喪失した現実が、再び意味を獲得するのである。旧約の現実否定から新約の現実肯定へ。トマス・アクイナス（Thomas Aquinas, 1225頃-74）がその『神学大全』の冒頭にいう「恩寵は自然を破壊せず、却ってこれを完成する（gratia non tollat naturam, sed perficiat）」がここに絵画化されていることになる。

ジェンティーレ・ダ・ファブリアーノ《受胎告知》における窓ガラスと光の比喩

金沢　百枝

大天使ガブリエルが乙女マリアを訪い、救世主の懐妊を告げる「受胎告知」という主題は、画家たちにさまざまな試練を与えた。いかにして懐妊の瞬間、つまり「言葉が肉となる」受肉の神秘をどのように描くのか。また懐胎や出産の前後で変わらないとされる聖母マリアの永遠の処女性をいかに表現するのか。本稿では、とくにジェンティーレ・ダ・ファブリアーノ作とされる《受胎告知》(ヴァチカン美術館所蔵、【図1】)[1]とヤン・ファン・エイク《教会の聖母子》を中心に、窓ガラスと光の比喩を用いた絵画表現の意味について考察したい。

ファブリアーノの受胎告知図が、他と大きく異なるのは光の表現である。椅子に座る処女マリアの部屋に、大天使ガブリエルが訪れ、神の子の懐妊を告げている。天にいる父は真っ赤なセラフィムに囲まれ、光の束とともに聖霊の鳩を送り出している。光の洪水は、告知する大天使ガブリエルの上の薔薇窓を通り、天の川のように煌めきながら、マリアの腹部に届く。腹部には薔薇窓のかたちと色が刻みつけられている。はたして、他に類を見ないステンドグラスの光を浴びる受胎告知図は、どのような意味を持っているのだろうか。

【図 1】ジェンティーレ・ダ・ファブリアーノ《受胎告知》1423-25 年　ヴァチカン美術館蔵

これについては、北欧の美術史家ホドネが聖母マリアの純潔の比喩としての「窓ガラスと太陽光」に注意を向けようとしているという説明があるものの、先行研究は多くない[2]。

受胎告知図においては、処女マリアの懐妊が、純潔を保ったままの妊娠であることを強調するため、さまざまに描かれてきた。耳からの懐妊は諸説のうちのひとつで、四世紀頃に成立し、ヴェローナの聖ゼノ、ヒッポのアウグスティヌス、クレルヴォーのベルナルドゥスなども論じている。このようにヨーロッパ中に広まったのは、早い時期に聖母讃歌〈Gaude Virgo〉に歌われているからだろう。〈Gaude Virgo, mater Christi, quae per aurem concepisti 歓び給え、おお、救い主の母、耳から懐妊した乙女よ〉と歌われている[3]。そのため、聖霊の鳩が耳に近づいて描かれることも多く、耳ではないとしても、マリアの頭部付近に聖霊の鳩や光が降っている作

【図2】フィリッポ・リッピ《受胎告知》（部分）1449-59年　ロンドン、ナショナル・ギャラリー蔵

例が圧倒的多数を占めている。その点でも、ジェンティーレ・ダ・ファブリアーノの受胎告知図では光が、耳や頭ではなく、腹部にあたっているのも異例といえる。

腹部に聖霊が降る例としては、ロンドン、ナショナル・ギャラリーのフラ・フィリッポ・リッピの受胎告知図が挙げられる。聖霊の鳩が、マリアの腹部に直接、働きかけている例はめずらしい【図2】。マリアの腹部には小さな穴（ボタンの穴？）があり、聖霊の鳩とその穴は光線で結ばれているようにも見える[4]。

受胎告知図で見られる聖霊と光線については、ミラード・ミースの古典的な論文が参照できるだろう[5]。ミースはヤン・ファン・エイク《教会の聖母子》（一四三八―四〇年頃、板に油彩、31㎝×14㎝　ベルリン絵画館、【図3】）の来歴を紐解きながら、この聖母子図が降誕を寿ぐ聖母讃歌であり、受肉の神秘をガラスと透過光として描くのは、ネーデルラント絵画の画期だと論じている。

【図3】ヤン・ファン・エイク《教会の聖母子》
1438-40年頃　オークに油彩、31 cm × 14 cm
ベルリン絵画館

降誕との関連は、額縁部分の銘文から関連が明らかになるという。一八五五年、とある建築家のコレクションだった時点の記録では額には以下のような銘文があったらしい。額の下部に〈FLOS FLORIOLORUM APPELLARIS〈あなたは小さな花々のなかの花と呼ばれる〉とあり、そして他の三方に〈MATER HEC EST FILIA /PATER HIC EST NATUS /QUIS AUDIVIT TALIA /DEUS HOMO NATUS ETCET（この母は娘、この父は生まれた。かつて誰がこのようなことを聞いただろう。神が人間として生まれるなんて等々）〉という。盗難にあってしばらく姿を消している間に額縁は失われてしまった。ミースは、ファン・エイクがキリストの神性と人性の矛盾を孕んだ神秘について思いをめぐらせて描いたと論ずるが、現在ではこの板絵が注文主などを描いた板絵と組になった二連板の左翼だったということで研究者の意見はほぼ一致している。祈りをいざなう祈祷文が額縁に描かれ

ている同時代の二連祭壇画は多い。(6)

ミースによると、この詩句は降誕節に歌う聖歌「幸福な日（Dies est Laetiae）」の第二連の前半だと気づいたのはメイヤー・シャピロだそうだ。ミースは論文のなかでこの関連を指摘した後、やや強引にその歌の第五連〈Ut vitrum non laeditur sole penetrante, sic illaesa creditur post partum et ante〉と結びつけた。そしてこれを「太陽光が窓ガラスを通りぬけても損なわれないように処女マリアの純潔は保たれる」と訳した。(7) 画中では、ゴシック聖堂内に立つ聖母の背後に、大きな窓があり、その窓を通った光が身廊の床に陽だまりをつくっている。

ミースの論文に対する異論は多い。まず、第一に、マリアの純潔と比較されたのは、窓なのか、太陽光なのか。ミースが引用した〈Ut vitrum〉の詩の翻訳では、太陽光がマリアの純潔を表しているが、同じ詩句をパノフスキーが「太陽光が通り抜けても壊れないガラスのように」と訳しているように、この詩句でマリアの純潔に喩えられているのは、太陽光ではなく、ガラスに他ならない。ラテン語のvitrusはガラスであり、それは「窓ガラス」であっても「ガラス製品」であっても構わない。

実際、パノフスキーが挙げているように、ヤン・ファン・エイクの追随者が描いたとされる《聖書を読むキリストのいる聖母子》には、窓辺にガラスのカラフェが置かれ、透過光を受けて煌めいている【図4】。光を透過させてもガラスが壊れないように、聖母の処女膜も損傷がないということを強調するために置かれたのだろう。こうした例はイタリアでも、例えば、フラ・リッポ・リッピ《受胎告知》（一四四〇年）のように、受胎告知図の手前の最も目立つ位置に、だまし絵風にフラスコ型ガラス器が置かれた例がある。

また〈Ut vitrum〉自体はマリアの処女性の比喩であり、ミースが強調するような「受肉」の比喩としては使われていない。降誕の際に歌われる歌の一部ではあるが、あくまでも聖母讃歌なのである。ミースの誤謬は、信頼できない二次史料に頼ったためかもしれない。

【図４】《聖書を読むキリストのいる聖母子》

第二に、ミースの出典元が怪しいという指摘がある。ミースはベルナルドゥスの文章を引用しているが、ベルナルドゥスの言葉のあいだに別の詩句が挿入されている。

Sicut splendor solis vitrum absque laesione perfundit et penetrat eiusque *soliditatem insensibili subtilitate pertraicit nec cum ingreditur, violat nec, cum egreditur, dissipat:* sic Dei verbum, splendor Patris, virginum habitaculum adiit et inde clauso utero prodiit.

太陽の輝きがガラスを壊すことなく満たし、透過するように、またその堅固なかたちを感知することのできないほどの繊細さで貫きつつ、入るときにそれに損傷を与えず、破壊せずに出てゆく。神の言葉が、父の栄光が、乙女の部屋に入り、閉じた子宮からいで来たるのと同様である。（筆者試訳）

そして、ここに挿入された詩句（斜体部分）こそ、ガラスと太陽光の比喩の源泉なのである。古代末期から中世後期のガラスと太陽光の比喩について調査したブリーズによると、この挿入部分は五世紀から六世紀の北アフリカの聖歌に遡ると言う。(8) かつては、ヒッポのアウグスティヌスのものとされていた説教のなかで、以下のように光とガラスの比喩について語られている。

Solis radius specular penetrat, et soliditatem eius insensibili subtilitate pertraiicit; et videtur intrinsecus qui extat extrinsecus.

太陽の光線はガラスを通過するが、その堅固なかたちを感知することのできないほどの繊細さで貫く。そして外にあるものが中にあるように見える。(筆者試訳)

この説教が直接、ヨーロッパに広まることはなかったが、比喩はひとびとの心を捉え、ラヴェンナやローマですごしたアルルのカエサリウス(四七〇年頃―五四三年)の周辺、ないしは大グレゴリウス(五四〇―六〇四年)の周辺など初期中世のイタリアで活用された。〈Exhortatur nos dominus deus〉と始まる説教にも使われ、その後、ヨーロッパ中に広まった。この説教は、長くトレドのイルデフォンスス(六〇七―六六七年)の作とされてきたが、今では七世紀はじめのイタリアで作られたとわかっている。セーラム典礼に取り入れられたため、ブリテン島でもウェールズ語やゲール語に翻訳され親しまれてきた。一二世紀には一般的だったようで、サン・ヴィクトールのアダム(一一一〇―一一八〇年)やアレクサンダー・ネッカム(一一五七―一二一七年)の聖歌にも見られる。その後も一三〇五年、ジェノヴァ大学で作られたミサ典書、そしてスウェーデンの聖ブリギッタ(一三〇三―一三七三年)の著作に同様の比喩を見ることができる。十四世紀以降の降誕図に大きな影響を与えたスウェーデンの聖女ブリギッタの文章を見てみよう。

Quia sicut Sol vitrum ingrediendo non laedit, sic nec virginitas Virginis in assumptione humanitatis meae corrupta est

太陽がガラス窓を透過するとき、ガラスを壊さないように、わたし（イエス）がひとの形をとったとき、聖処女の純潔は損なわれなかった。（括弧筆者補足、筆者試訳）

以上のように、ガラスは、硬く透明な素材だが、脆く、割れる危険性がある。太陽光がガラスを割らずに出入りできるという点で、懐妊や出産の前後でも損なわれることのないマリアの処女性を象徴する比喩として適していたと言えるだろう。しかしながら、もしも、ミースが書いたように「窓ガラス」ではなく「太陽光」を純潔の比喩とするならば、窓がステンドグラスになった場合、どのように解釈されるのであろうか。色ガラスを通った太陽光はもはや、ガラスを通る前と後では同じではなく色がついてしまうはずだ。ミース自身、《教会の聖母》が受肉の神秘を表していることを論証するため、「クレルヴォーのベルナルドゥス」の説教集からの一節を挙げている[9]。現在ではこの説教もベルナルドゥスの著作とは認められていない。

Rursum sicut radius in vitrum purus ingreditur, incorruptus egreditur; colorem tamen vitri induit, quod irradiat: sic Dei filius purissimum Virginis uterum ingressus, purus egressus est, sed colorem Virginis, id est humanam suscepit naturam, humanaeque speciei decorem induit, et praecinxit se.

さらに澄んだ光がガラスに入るときにも損傷させず、出るときにも壊さないように、にもかかわらず、光に照らされたときガラスの色を帯びる。同様に、処女の最も純潔なる子宮に神の子が入り、純潔なまま出るが、処女マリアの色を獲得している。つまり、マリアの色とは、神が自ら身にまとった、神の人性と人として整ったかたちなのである。（筆者試訳）

一六七五年の文献でも、この文章は誤ってクレルヴォーのベルナルドゥスに帰されており、十九世紀に至るまでベルナルドゥスに帰されていたらしい。しかしながら、光とステンドグラスの比喩は十三世紀まで遡ることしかできない[10]。

ミースは先に挙げた論文のなかで、《教会の聖母子》の「窓にはステンドグラスではなく透明なガラスが嵌められている」と書いている[11]。実際には聖母が立つ身廊の高窓手前には赤と青の色がついており、模様も見える。奥の窓は光っていてよく見えないが、窓の縁部に青が点々とあることから、こちらもステンドグラスであることがわかる。しかし、身廊の陽だまりに色がついている形跡はない。

第三に、ミースは、ガラス窓と太陽光の比喩を描いたネーデルラント絵画の革新性を論じているが、ホドネはイタリア絵画が先行していると論じている。ヤン・ファン・エイク以前、十四世紀から十五世紀初頭のフィレンツェにおいて、窓から聖霊と光が入ってくるようすが描かれた受胎告知図について以下のように言及している[12]。

一三〇〇年代のフィレンツェでは、「受胎告知」の場面で父なる神の御下を離れた聖霊の鳩が、特別な「穴」（窓）を通って処女マリアのもとに届くようすが多数描かれた。ピエトロ・ロレンツェッティ《タルラーティ多翼祭壇画》（一三二〇年、板にテンペラ、アレッツォ、サンタ・マリア・デッラ・ピエーヴェ聖堂蔵）では、聖母が座る部屋の窓から十字架を手にした小さなキリストが聖霊の鳩に連れられて飛び込んでいる。あるいはプラート、サント・ス

【図5】ヤコポ・ディ・チオーネ《受胎告知》一三七〇年頃、プラート、サント・スピリト聖堂

ピリト聖堂にあるヤコポ・ディ・チオーネによる《受胎告知》（一三七〇年頃）では円形のオクルスから光が差込み、聖霊の鳩が処女マリアに到達せんとしている【図5】。薔薇窓の原型ともされる円形の窓「オクルス」を通って、光線が差し込む受胎告知図は、一三七〇年までにはフィレンツェで確立していたとホドネは推察する。

というのは、ジェンティーレ・ダ・ファブリアーノ作とされる《受胎告知》の参照源とされるフィレンツェのサンティッシマ・アヌンツィアータ聖堂にある《受胎告知》は一二五二年、聖母マリアの顔が天使によって描かれたという奇跡譚をもち、現在でも特別な崇敬の対象となっているが、その制作年代が一三四〇年から一三七〇年頃と推定されるからである。つまり、〈Ut vitrum〉という考え方、マリアの純潔を、ガラス窓を通る太陽光に喩える比喩の絵画化は、ヤン・ファン・エイクがフィレンツェを訪れていた一四二〇年から三〇年頃、すでに成立していたとホドネは論じている。

【図6】ヤン・ファン・エイク《教会の聖母子》部分

とはいえ筆者は、ヤン・ファン・エイクの《教会の聖母子》がフィレンツェ絵画の影響を直接受けたとは思わない。ステンドグラスの光の刻印を受けた聖母マリアがいるジェンティーレ・ダ・ファブリアーノの受胎告知図という類例のない作品が残るものの、ファブリアーノの受胎告知図の原型となる系譜において描かれる光が透過する窓オクルスには、窓ガラスが嵌っているかどうかが定かでないからである。ファブリアーノではじめて、窓ガラスの存在が強調されたというホドネの指摘は正しい。

しかしながら、ここで振り返ってみると、ステンドグラスの光の刻印を受けた聖母マリアがいるジェンティーレ・ダ・ファブリアーノの受胎告知図は、ホドネが論じるように「ガラスと太陽光」の比喩によって、懐妊の前後で変わらないマリアの処女性を表しているのではなく、受肉の神秘を表しているのではないだろうか。ファブリアーノの過度に思われるほどのステンドグラスへの言及は、ホドネの論じるように「ガラスと光」の関係性に注意を向けたいという意図ばかりではないのではないか。マリアの腹部を照らす神の光が、ステンドグラスの色ばかりでなく、薔薇窓のかたちを有していることは見逃し難い。先の「偽」クレルヴォーのベルナルドゥスの語るステンドグラスを通った光が色彩を獲得する現象が受肉の神秘と重ね合わせた文章が十三世紀から流布していたことを考えると、窓ガラスを通った光が「色」ばかりでなく、「かたち」をも獲得している点で、受肉こそが焦点になっていると言えるのではないだろうか。構図としてはそれまでの受胎告知図の系譜を辿りながらも、マリアの永遠の純潔の象徴であるガラスと太陽光ではない方向に、ファブリアーノは舵をきった。

ファブリアーノの受胎告知図のように受肉とステンドグラスの関係を明確に表現している例を見た後では、ヤン・ファン・エイクの《教会の聖母子》が受肉を表現しているというミースの言葉が弱々しく響く。身廊の窓にステンドグラスを描き、窓の縁には青の絵の具をのせながらも【図6】、身廊の床に照り輝く陽だまりになぜ色付けしなかったのか、不思議に思えてくるのだ。ここで描かれている窓ガラスと太陽光は、やはりマリアの純潔を讃えているると考えられるのではないだろうか。

注

(1) 本作についてはジェンティーレ・ダ・ファブリアーノの真筆ではなく、工房作という意見もあるがここではヴァチカン美術館の記載に従い、ファブリアーノと仮にしておきたい。

(2) Hodne, L., 'Light Symbolism in Gentile da Fabriano's Vatican Annunciation', *Eikón Imago* 6, 2 (2014), pp. 33–50, esp. p. 35.

(3) Drummundo, S., *Divine Conception: The Art of the Annunciation*, London, 2018, esp. pp. 53–61.

(4) Baert, B., ‘The Annunciation revisited: essay on the concept of wind and the senses in late medieval and early modern visual culture’, *Critica d’Arte* 47 (2013), pp. 57–68において、バールトはこの受胎告知図に描かれている光線を神の息（風）ルアーであると論じている。また、ダニエル・アラスはこの穴をかけわすれたボタンホールと呼んでいる。Arasse, A., *Le détail. Pour une histoire rapprochée de la peinture*, Paris, 1996, p. 338.

(5) Meiss, M., ‘Light as Form and Symbol in Some Fifteenth-Century Paintings’. *The Art Bulletin* 27, 3 (1945), pp. 175–181.

(6) Hudson, H., *Jan van Eyck: the Ince Hall Virgin and Child and the scientific examination of early Netherlandish painting*, Saarbrücken, 2009, esp. pp. 169–177; Kittell, E., & Suydam, M., *The Texture of Society: Medieval Women in the Southern Low Countries: Women in Medieval Flanders*, London, 2004.

(7) J. M. Neale, Medieval Hymns and Sequences, London, 1857, p. 186をそのまま引用して、As the sunbeam through the glass Passeth but not staineth/Thus the Virgin, as she Virgin still remaineとの訳を載せている。

(8) Breeze, A., ‘The Blessed Virgin and the Sunbeam through Glass’, *Celtica* 23 (1999), pp. 19–29.

(9) ‘As a pure ray enters a glass window and emerges unspoiled, but has acquired the colour of the glass [...] the Son of God, who entered the most chaste womb of the Virgin, emerged pure, but took on the colour of the Virgin, that is, the nature of a man and a comeliness of human form, and he clothed himself in it.’ とミースは訳している。Meiss, M., *op.cit.*, p. 177.

(10) Luchs, A., ‘Stained Glass above Renaissance Altars: Figural Windows in Italian Church Architecture from Brunelleschi to Bramante’, *Zeitschrift für Kunstgeschichte* 48, 2 (1985), pp. 177–224, esp. p. 221, n. 117.

(11) Meiss, M., *op.cit.*, p. 180.

(12) Hodne, *op.cit.*, passim.

図版出典
図1、3、4、5、6　Wikimedia Commons
図2　筆者撮影

むすびとひらき

かたちを刻む。刻まれたものはかたちを映し、かたちの姿を運んである在り様をする。

ここでかたちとは、一般的な思想・芸術上では、目に見えるにしろ、見えないにしろ、きっかりとした形相性をもち、その形相に拠って自己同一的実在としてものを在らしめる。しかし、本論において筆者子は、ニュッサのグレゴリオスの美論に参じて、一つだけ逆説的なかたちにふれたので、それが一般的なかたちや形相論にとって、どのような示唆を与え、どのような地平を抜きうるかを問いかけてみたい。

その逆説的なかたちとは、磔刑のイエス像であった。福音書によれば、イエスは磔刑前に茨の冠をかぶせられ顔に唾を吐きかけられて血だらけになるまでむち打たれた。釘打たれ十字架に架けられねじれた身体は、かたちとはいえぬほど極みまでゆがめられたかたち（déformé）にされた。そのことは何を意味するのか。

一般にいうかたちは、ものの自己同一性の根拠として完結的実在を成り立たせる。レヴィナス風に語れば「存在の努力」（conatus essendi）に終始している。西洋哲学や芸術は、このかたちを自己に刻み切り、永遠的自同を自らに欲（のぞ）んだ。

これに比して磔刑のイエスは、罪人の烙印を押された他者のために生き、それゆえ権力によって異端とされ、自らを十字架の暴力に渡し、形相的形を喪失したみじめな姿をさらしたのである。彼のかたちは、すべての見るから隠れるように岩穴の暗闇内に埋葬される。その déformé な姿をかたちと呼べば、それは他者への愛の無限な開放系となる。この系譜に属して彼のかたちを刻まれた者は、自らの十字架を心身に担い、他者への開放系に生きるように招かれている。その開放系のかたちが「世の光」イエスの許に生きるなら、彼らに与えられる光は、いわゆる視覚的精神的光とは異次元の「輝ける暗黒」の分有参与といえる。以上かたち・光・暗黒に関して逆説の美学を開陳した。

宮本　久雄

草木萌動

■執筆者一覧（掲載順）

宮本　久雄
所属　東京大学名誉教授、東京純心大学教授
専攻　聖書思想・教父神学・哲学
著書　『旅人の脱在論』（創文社）、『ヘブライ的脱在論』（東京大学出版会）、『パウロの神秘論』（東京大学出版会）

樋笠　勝士
所属　岡山県立大学デザイン学部教授
専攻　古代中世哲学・美学芸術学
著書　『光の形而上学』（共著、慶應義塾大学言語文化研究所）、『存在論の再検討』（共著、月曜社）

坂田奈々絵
所属　清泉女子大学文学部文化史学科講師
専攻　中世キリスト教思想
著書　「涙を流す修道士たち」『善美なる神への愛の諸相――『フィロカリア』論考集』（教友社）

阿部　善彦
所属　立教大学文学部キリスト教学科准教授
専攻　中世哲学・ドイツ神秘思想
著書　『テオーシス――東方・西方教会における人間神化思想の伝統』（共編著、教友社）

鐸木　道剛
所属　東北学院大学教授
専攻　美術史
著書　『イコン――ビザンティンからロシア、日本へ』（共著、毎日新聞社）、『山下りん研究』（岡山大学文学部）

金沢　百枝
所属　多摩美術大学芸術学科教授（二〇二〇年四月から）
専攻　西洋中世美術　とくにロマネスク美術
著書　『ロマネスクの宇宙』（東京大学出版会）、『ロマネスク美術革命』（新潮社）

シリーズ　教父と相生
光とカタチ――中世における美と知恵の相生

発行日………2020年3月31日 初版

編著者………宮本久雄
発行者………阿部川直樹
発行所………有限会社 教友社
275-0017 千葉県習志野市藤崎6－15－14
TEL047(403)4818　FAX047(403)4819
URL http://www.kyoyusha.com
印刷所………モリモト印刷株式会社

ISBN978-4-907991-60-9 C3016